Susanne Viegener

Das Mainzer Märchenbuch

Sagen, Legenden und Märchen
aus Mainz neu erzählt

mit Illustrationen
von Mira Lob

marzellen
verlag köln

Bibliografische Information der Deutschen Nationalbibliothek
Die Deutsche Nationalbibliothek verzeichnet diese Publikation
in der Deutschen Nationalbibliografie;
detaillierte bibliografische Daten sind im Internet
über http://dnb.ddb.de abrufbar.

© 2018 Marzellen Verlag GmbH, Köln

Umschlag und alle Illustrationen: Mira Lob
Satz/Layout: Redaktionsbüro Tewes, Köln
Druck: Theiss Druck GmbH, Österreich
Alle Rechte vorbehalten.
Printed in Austria.
ISBN 978-3-937795-43-0

www.marzellen-verlag.de

Inhalt

Es war einmal...

Die Sagen, Legenden und Geschichten aus Mainz sind jahrhundertealt und doch zum Greifen nah.
Immer wieder wurden sie im Volksmund weitererzählt und irgendwann aufgeschrieben.

Die Schauplätze des 'Mainzer Märchenbuches' könnt ihr auch heute noch besichtigen und dort viel über die Vergangenheit des jeweiligen Ortes erfahren. Am Ende jedes Märchens wird auf einem solchen Pergament erklärt, welche Orte aus den Geschichten ihr euch heute noch anschauen könnt. Jedes Märchen hat sein eigenes Symbol, das ihr auf dem Lageplan im Einband des Buches wiederfindet. So könnt ihr euch selbst auf Zeitreise begeben und den Spuren der Mainzer Geschichte folgen.

Teuflische Rache

Vor über zweitausend Jahren wurde Mainz von den Römern gegründet, und „Mogontiacum", wie die Römer die Stadt damals nannten, wurde Provinzhauptstadt von Obergermanien. Mit der Zeit setzte sich auch im Römischen Reich eine neue Religion durch: das Christentum. Hatten die Römer vorher noch an viele Götter geglaubt, wie Jupiter, Mars, Venus oder Merkur, glaubten immer mehr Menschen nun an einen einzigen Gott.

Eines Tages beschloss die erste Christengemeinde in Mainz, ihrem Gott eine Kirche zu bauen, wo sie in Ruhe beten und sich zum Gottesdienst treffen konnten. Jahrelang hatten sie für das erste Mainzer Gotteshaus Geld gesammelt und gespart. Und sie suchten sich für den Bau eine ganz besondere Stelle aus. Über der Stadt, hoch erhoben auf dem Jakobsberg, inmitten eines Waldes, sollte ihr Kirchlein stehen. Die römischen Stadtherren gaben ihre Einwilligung dazu. So kaufte die Gemeinde das Grundstück und beauftragte einen Baumeister.

Der rief seine Bauarbeiter zusammen, ließ sie das Grundstück roden und ein tiefes Loch für die Fundamente ausheben. Alles war vermessen und geplant, und nachdem viele Fuhren Steine angekommen waren, konnten sie endlich mit den Fundamentmauern der Kirche beginnen. Es war ein schöner Sommertag. Die Sonne schien, die Vögel zwitscherten in den Bäumen, und die Maurer mauerten fröhlich pfeifend vor sich hin. So waren die Fundamente schnell fertig, und die Arbeiter machten sich daran, einen Sockel zu mauern, auf dem der Altar stehen sollte. Vom Altar aus würde der Priester schon bald das Wort Gottes verkünden und aus der Bibel lesen.

Keiner konnte jedoch ahnen, dass die Kirche ausgerechnet am Lieblingsplatz des Teufels errichtet werden sollte. Der Höllenfürst liebte diese

Gegend am Rhein und die Ausflüge auf den Jakobsberg ganz besonders. Dort gammelte er vorzugsweise auf einem großen Apfelbaum herum, guckte gelangweilt in die Gegend und heckte seine bösen Pläne aus. Dann und wann pflückte er einen Apfel, ließ sich faul auf einem dicken Ast nieder und biss hungrig hinein. Stundenlang konnte er da auf dem Apfelbaum herumlümmeln und auf den glitzernden Rhein schauen.

„Ein teuflisch feines Plätzchen habe ich hier. Ich habe alles im Blick, und keiner kann mich erkennen." Das war ganz richtig so. Damit kein Mainzer ihn erkannte und herumerzählen konnte, dass der echte Luzifer auf den Mainzer Apfelbäumen herumgammelte, hatte er sich nämlich verkleidet.

Einen geflickten schwarzen Umhang trug er, der ihm in Fetzen von den Schultern hing. Einen zerbeulten, alten Filzhut hatte er sich tief in die Stirn gezogen, und einen Wanderstock trug er bei sich. Die Sachen hatte er einer Vogelscheuche auf dem Feld eines Mainzer Bauern geklaut. Nun sah er aus wie ein echter Wandergesell.

„Hihihi", lachte der Fiesling und rieb sich seine Krallenhände. „So erkennt mich keiner, und ich haue sie alle übers Ohr."

Und weil der Jakobsberg eben sein Lieblingsplatz war, ärgerte der Höllenfürst sich sehr über den Krach, den die Bauarbeiter in der freien Natur machten, und er beschloss, mal nachzuforschen, was denn hier auf ‚seinem' Hügel überhaupt gebaut werden sollte.

Seufzend krabbelte er vom Baum herunter und stapfte hinüber zur Baustelle. „Heda, ihr Maurer, was soll das denn werden, was ihr da baut?", fragte er sie neugierig. „Eine Kirche für die Christen soll's werden, werter Wanderer", antworteten die Maurer höflich und gingen weiter ihrer Arbeit nach.

Als der Teufel das hörte, stieg eine solche Stinkwut in ihm auf, dass schwefelige Rauchwölkchen aus seinen Ohren pufften. Fast hätte er sich verraten. Nur mit Ach und Krach schaffte er es, einen Wutanfall zu unterdrücken. Fluchend stieg er wieder auf seinen Apfelbaum und schwor den Christen ewige Rache: „Kruzifix noch einmal, eine Kirche, und das ausgerechnet an meinem Lieblingsplatz! Zur Hölle mit diesen Christen. Denen werde ich einen schönen Strich durch die Rechnung machen. Diese Armleuchter werden schon sehen, was sie davon haben!", schimpfte er und blickte hasserfüllt auf den fast fertigen Altarsockel. „Rache!", brüllte er laut zum Himmel hinauf. Dann holte er Schwung, sprang unerwartet flink vom Baum herab und schraubte sich mit einem Affenzahn durchs Erdreich, direkt in die Hölle hinein.

Unten im Fegefeuer dachte er erst einmal gründlich darüber nach, wie er sich an diesen vermaledeiten Christen rächen könnte. Er grübelte und grübelte, überlegte hin und her. Es war wie verhext. Nichts, aber auch gar nichts wollte ihm einfallen. Nachdenklich kratzte er sich am Kopf. Da fiel sein Blick auf die langsam dahinsickernde, glühend heiße Lava zu seinen Füßen, und plötzlich hatte er eine Idee. „Ich werde mir selbst ein Denkmal setzen. Eine Teufelsstatue aus Lava werde ich errichten. Und zwar direkt auf ihrem Altar. Dann wird dieses Christenvolk schon sehen, wer hier das Sagen hat." Und er begann, mit seinen hitzebeständigen Klauen die glühende Lava in Form zu kneten.

Als er die Arbeit beendet hatte, war Luzifer ganz begeistert von seiner Statue. „Potzblitz, wie schön ich doch bin. Von nun an werde ich von meinem Lieblingsplatz auf dem Apfelbaum immer auf mein Ebenbild schauen können", dachte er zufrieden, schulterte das riesige Denkmal und schleppte es an die Erdoberfläche hinauf, um es auf dem Altarsockel zu platzieren.

Als früh am nächsten Morgen die Maurer auf der Baustelle erschienen, trauten sie ihren Augen nicht. Ein riesenhaftes, glühend rotes Götzenbild thronte auf dem neuen Sockel für ihren Altar. Ein grausiges Abbild des Satans. „Hilfe! Der Teufel weilt unter uns!", schrien sie entsetzt und bekreuzigten sich. Dann liefen sie fort, so schnell sie konnten, um niemals an diesen verfluchten Ort zurückzukehren, während der Teufel ihnen kichernd von seinem Versteck im Apfelbaum aus zusah: „Hihi, es hat geklappt, mein Plan ist aufgegangen. Ein für alle Mal habe ich die Christen von meinem Lieblingsplatz vertrieben." Jubelnd sprang er vom Baum und führte einen Freudentanz auf. Immer wieder um sein Denkmal herum.

Zufälligerweise flog gerade der Engel der Morgenröte vorbei und hatte die verzweifelten Schreie der in Panik geratenen Maurer gehört. Überrascht schaute der Engel zur Erde hinab und sah den Teufelstanz, den der Höllenfürst um sein grauenerregendes Ebenbild auf dem Altarsockel vollführte. Sofort rief er seine Engelsscharen herbei und befahl die Zerstörung des Teufelsdenkmals, das da so unerlaubt auf geweihtem Boden stand. Eilig flogen die aufgeregt tuschelnden Engel zum nächsten Steinbruch und schleppten einen gewaltigen Felsbrocken herbei. „Hau ruck, Hau ruck", säuselten sie sanft. Niemand hätte je gedacht, dass eine Engelsschar derart gewaltige Muskeln haben kann, um einen solchen Riesenstein durch die Lüfte zu befördern. Aber so kann man sich eben irren.

Mit vereinten Kräften brachten sie das tonnenschwere, steinerne Monstrum herbei und ließen es direkt über dem Teufelsstandbild fallen. Pfeifend rauschte der Felsbrocken durch die Luft. Wie ein steinerner Hammer rammte er das Denkmal samt Sockel tief in den Erdboden hinein in Richtung Hölle. Genau dahin, wo es hingehörte.

Die Engel jubelten begeistert und applaudierten von oben. Dann klopften sie sich gegenseitig auf die zarten Schultern und stimmten ihren Siegesgesang an. Mit einem wohlklingenden „Gloria, Viktoria..." auf den Lippen flogen sie fröhlich zurück in den Himmel, um dem Engel der Morgenröte Bericht über die erfolgreiche Mission zu erstatten.

Der Teufel war außer sich. „Unverschämtheit!", brüllte er zum Himmel empor. Nun ließ er seiner Wut freien Lauf, schrie, kreischte, heulte, zeterte und stampfte mit den Füßen, riss sich an den Haaren und spuckte sogar Feuer. Aber all das nutzte nichts. Sein Standbild war bis in die Hölle gerammt worden, und wenn er es sich weiter anschauen wollte, musste er wieder dorthin. Und so musste der Teufel wohl oder übel sein Gammeln im Apfelbaum aufgeben und in die Hölle zurück.

Nachdem die Christen sich von ihrem Schreck erholt hatten, suchten sie sich einen anderen schönen Platz für ihre Kirche. Davon gab es in Mainz glücklicherweise mehr als genug. Der Teufel ist, soweit man weiß, nicht mehr nach Mainz zurückgekommen, obwohl er seinen Lieblingsplatz auf dem Jakobsberg sehr vermisste. Wahrscheinlich gammelt er bis heute in Gesellschaft seines Standbildes in der Hölle herum.

Den gewaltigen Felsblock aus dem Märchen gibt es heute noch auf dem Jakobsberg. Ein Spaziergang dorthin lohnt sich. Er wird Eichelstein oder Drusus-Kenotaph (Scheingrab) genannt und ist ein knapp 20 Meter hoher Turm aus Gussmauerwerk auf dem Gelände der Mainzer Zitadelle. Es handelt sich um den Rest eines Grabmals für den römischen Feldherrn Drusus, der Mainz gründete und dort an den Folgen eines Sturzes von seinem Pferd im Jahr 9 vor Christus gestorben ist.

So wie das alte „Mogontiacum" in der Römerzeit, ist Mainz heute immer noch Hauptstadt, nämlich Landeshauptstadt von Rheinland-Pfalz.

Die neugierige Rheinnixe

In der Unterwasserwelt des Rheins lebte einst eine kleine, neugierige Nixe. Sie war die jüngste Tochter von Vater Rhein, dem Flussgott, der einen großen Schwarm wunderschöner Nixentöchter hatte, die in den Grotten seines Unterwasserschlosses lebten. Ihr eigentlicher Name war Luzinda, aber die Unterwasserwesen nannten sie nur Luzie, das passte nämlich viel besser zu ihr. Ein kleiner, frecher und ziemlich ungeduldiger Nixenfratz war sie. Wach und wissbegierig blickten ihre großen blauen Augen durch die Flusswelt, und was sie sich einmal in ihren blonden Lockenkopf gesetzt hatte, das setzte sie auch in die Tat um. Da hatte sie ihre festen Prinzipien.

Luzie war eine sehr außergewöhnliche Nixe. Ganz und gar nicht wie ihre großen Schwestern Belinda, Gerlinda, Sieglinda, Heidelinda, Melinda und Rosalinda, die Tag für Tag in den Unterwassergärten des väterlichen Anwesens saßen, die Fische zählten, Harfe oder Flöte spielten und sich ihre langen, seidigen Haare kämmten. Die wilde Luzie fand dieses Nixenleben stinklangweilig. Sie wollte etwas erleben! Also tauchte sie, wann immer sich die Gelegenheit bot, heimlich unter der Gartenpforte hindurch und begab sich im Rhein auf Entdeckungsreise. Das war eine heikle Angelegenheit, denn Vater Rhein hatte seinen Töchtern strengstens verboten, seine Unterwassergärten zu verlassen.

Er hatte viel zu viel Angst, dass ihnen etwas zustoßen könnte, wenn sie allein in seinem großen Fluss unterwegs waren. Wer ausbüxte, bekam zur Strafe wochenlang Stubenarrest. So lautete seine strenge Regel.

Der Flussgott selbst war viel im Rhein unterwegs auf Geschäftsreisen. Von der Quelle bis zur Mündung und wieder zurück fuhr er in seiner Unterwasserkutsche, die von sechs quirligen Seepferdchen gezogen wurde. Jedes Mal, wenn er auf Geschäftsreise ging, bat er seine großen Töchter, in der Zwischenzeit gut auf die kleine Ausreißerin Luzinda aufzupassen.

Luzie jedoch scherte sich einen feuchten Kehricht um ihre Aufpasserinnen. Sobald die Schwestern mal wieder abgelenkt waren, sich mit ihren Frisuren beschäftigten oder einander Geschichten über verwunschene Prinzen erzählten, nahm sie durch das Schlupfloch unter der Gartenpforte Reißaus und schwamm los zu einer ihrer geheimen Spritztouren im Rhein.

So viele spannende Dinge gab es dort zu entdecken: Schwärme großer und kleiner Fische, Flusskrebse, Muscheln und Schnecken, Reiher und Haubentaucher. Einmal fand sie sogar ein gesunkenes Fischerboot. Der große Fluss hielt so viele Schätze bereit. Luzie konnte beim besten Willen nicht verstehen, warum Vater Rhein seinen Töchtern diese Wunder vorenthalten wollte. „Vernixt und zugenäht!", schimpfte die kleine Meerjungfrau vor sich hin, schüttelte verständnislos ihren wilden Lockenkopf

und stellte sich seelisch auf einen weiteren Stubenarrest ein. „Papa kann manchmal so ungerecht sein! Dabei bin ich doch immer rechtzeitig vor der Dunkelheit zu Hause. Na ja, meistens jedenfalls." Dann machte sie kehrt und schwamm grummelnd nach Hause zurück.

Der allerliebste Lieblingsplatz der kleinen Nixe lag am Rheinufer vor Mainz. Da, wo das Wasser über ihr so schön golden schimmerte. „Plitschplatsch", machte es, wenn sie ihr Lockenköpfchen aus dem Wasser streckte, um einen Blick auf die Stadt zu erheischen, deren Dächer in der Sonne funkelten und glänzten wie pures Gold. Etwas Schöneres hatte Luzie noch nie gesehen. Oft verweilte sie dort mehrere Stunden und schaute den Oberwasserwesen zu. Zweibeinig und vierbeinig bewegten sie sich am Ufer entlang. Oft zogen die Vierbeiner Kutschen, in denen die Zweibeiner saßen. Ihr Vater hatte ihr einmal erzählt, dass die Zweibeiner Menschen genannt wurden. Interessante Wesen waren das. Es gab große und kleine von ihnen. Sie lebten in Behausungen aus Holz oder Stein mit Löchern zum Reingehen und Rausgucken und spitzen Dächern gegen schlechtes Wetter, das vom Himmel fiel. „Exotisch", fand Luzie diese Wesen. „Äußerst exotisch!"

An einem schönen Junitag ließ Vater Rhein früh am Morgen seine Seepferdchenkutsche anspannen. Er hatte geschäftlich am Loreleyfelsen zu tun. Wie immer hatte er Luzie in der Obhut ihrer großen Schwestern gelassen. Als die Wasserfräulein nach dem Mittagessen ihren Schönheitsschlaf hielten, nutzte Luzie die Gunst der Stunde und entwischte unbemerkt durch ihr geheimes Schlupfloch unter der Gartenpforte. „Diese Grazien haben wirklich keinerlei Talent zum Aufpassen!", kicherte die kleine Nixe vergnügt und schwamm frohen Mutes nach Mainz zu ihrem goldglänzenden Lieblingsplatz. „Plitschplatsch" tauchte ihr Köpfchen aus dem Wasser auf. „Heiliger Seestern, was um alles in der Welt ist das?", rief Luzie freudig. Wie verzaubert blickte sie auf das Spektakel, das sich ihr dort am Ufer bot, und konnte kaum glauben, was sie da sah.

Lustige Kettenkarusselle, Wurfbuden, Schiffschaukeln und Riesenräder waren entlang des Ufers aufgebaut. Jauchzer und Jubelschreie klangen zu

ihr herüber. Fröhliche Musik ertönte, und eine Parade zog vorbei. Staunend beobachtete die kleine Meerjungfrau das bunte Treiben der Erdenwesen. Was für ein Trubel! Es schien, als sei ganz Mainz am Rhein unterwegs.

„Wie wunderschön!", rief sie entzückt. Am liebsten wäre sie auf der Stelle an Land gesprungen, um mitzufeiern. Aber mit einem Fischschwanz ging das leider nicht. So ließ sie sich den ganzen Nachmittag vor der goldenen Stadt auf- und abtreiben, summte leise vor sich hin und konnte sich gar nicht sattsehen an den Feierlichkeiten. Dabei merkte sie gar nicht, wie Stunde um Stunde verging und es immer dunkler wurde. Selig lächelnd bestaunte Luzie die unzähligen bunten Lichter, die nun am Rheinufer blinkten. Ach, wie glücklich sie doch war!

Zuhause im Unterwasserschloss war ihr Ausbleiben inzwischen aufgefallen. Die großen Schwestern suchten verzweifelt nach ihrem kleinen Schwesterchen.

„Luzie, wo bist du?", riefen sie durch die vielen Grotten des väterlichen Schlosses, durchforsteten die Unterwassergärten und schwammen rufend durch Vaters Seerosen- und Wasserhyazinthenbeete. Doch es kam keine Antwort. Die kleine Nixe blieb unauffindbar.

Oh weh! Sie hatten ihrem Vater doch versprochen, gut auf Luzie aufzupassen, und mussten sie unbedingt finden. Sonst würde es ein Donnerwetter geben, wenn er von seiner Reise zurückkam. Was sollten sie nur tun? Sie konnten ja schlecht im Dunkeln losschwimmen und sie suchen. Nicht auszudenken, was Vater Rhein sagen würde, wenn er nach Hause käme und sie wären alle fort. Und so blieben sie da, wo sie immer blieben, taten das, was sie immer taten, und rührten sich nicht von der Stelle.

Luzie unterdessen lauschte überglücklich den wunderschönen Walzerklängen des Festes und sah dem fröhlichen Reigen der Mainzer zu, die sich im Tanze drehten. Bald würde sie nach Hause schwimmen müssen, es war ja schon dunkel. „Aber ein Viertelstündchen bleibe ich noch", dachte sie trotzig.

„Ärger bekomme ich sowieso! Da machen die paar Minuten auch nichts mehr aus." Und so beschloss sie, ganz nah ans Ufer zu schwimmen, um das Fest noch besser beobachten zu können.

An jenem Tag hatte Vater Rhein seine Geschäfte an der Loreley schneller erledigt als gedacht und rauschte in seiner Seepferdchenkutsche in Richtung Heimat. Er freute sich darauf, seine Töchter mit den vielen Geschenken zu überraschen, die er ihnen von seiner Reise mitgebracht hatte. Gut gelaunt schnalzte der Flussgott mit der Zunge und trieb seine Seepferdchen zur Eile an, denn die Dunkelheit hatte sich schon bis auf den Rheinboden herabgesenkt. Ganz fest musste er die Augen zusammenkneifen, um im trüben Flusswasser noch etwas zu sehen. Gut, dass er sich auf Fidibus, sein Leitpferdchen, verlassen konnte. Das treue Seepferdchen kannte den Nachhauseweg im Schlaf.

Doch als sie den Rheinschlenker hinter Budenheim passierten, leuchteten plötzlich tausende bunte Lichter durch das Flusswasser vor ihnen. Der Flussgott meinte sogar, von fern eine leise Melodie zu hören. So etwas war ihm noch nie untergekommen. Mit einem Mal wurden seine sonst so braven Seepferdchen unruhig und hörten nicht mehr auf sein Kommando. Angeführt vom Leitpferdchen Fidibus fielen sie in einen rasenden Unterwassergalopp und hielten auf das Mainzer Ufer zu.

„Halt, ihr Seepferdchen!", rief der Flussgott. „Brrrrr!" Aber es war nichts zu machen. Mit aller Kraft zog Fidibus seine Kollegen und die Kutsche hinter sich her. Vater Rhein musste sich gut festhalten, damit er bei dem Tempo nicht herausfiel. Was war nur mit Fidibus los? Wo wollte er nur hin? Wie von einer wundersamen Kraft angezogen brauste die Kutsche immer näher ans Ufer heran.

Mit einem Mal bremste die Unterwasserkutsche abrupt ab und kam direkt unter den bunten Lichtern zum Stehen. Die Seepferdchen waren völlig aus der Puste. Sie schnauften so sehr, dass kleine Luftbläschen aus ihren Nasen stiegen. Nur Fidibus zog und zappelte, wollte immer noch weiter. Ganz

benommen von der Höllenfahrt sah Vater Rhein, wie sein treues Leitpferdchen sich plötzlich losriss und eilig nach oben zur Wasseroberfläche schwamm. Fassungslos schaute Vater Rhein ihm nach.

Doch halt! Da oben trieb doch etwas im Wasser? Direkt neben Fidibus. Das kopflose Wesen kam dem Flussgott irgendwie bekannt vor. Es hatte den Fischschwanz einer Nixe, der im Takt der Musik hin- und herschwang. Vater Rhein rieb sich verwundert die Augen und schaute noch einmal hin. Da erkannte er seine jüngste Tochter Luzinda, die so spät am Abend im Rhein unterwegs war. Schlagartig wurde ihm klar, was Fidibus so magisch angezogen hatte.

„Bei allen Seestürmen und Schiffsuntergängen, Luzinda!", brüllte er mit seiner gewaltigen Stimme und zog sie an ihrem Fischschwanz zu sich hinunter in die Kutsche. „Papa!", rief sie erschrocken und starrte ihn mit weit aufgerissenen Augen an. „Was zum Donnerwetter treibst du hier? Das habe ich verboten!", schimpfte er dröhnend weiter. Sein Gesicht war rot vor Zorn. „Entschuldigung, Papa, aber ich konnte nicht anders. Es ist so unglaublich wunderschön hier", flüsterte sie schuldbewusst und nahm ihren Vater bei der Hand. „Komm, ich zeig's dir. Du wirst staunen." Entschlossen zog sie den wütenden Flussgott mit sich an die Wasseroberfläche.

„Plitschplatsch", tauchte Luzie aus dem Wasser auf und ein weitaus lauteres Platschen folgte, als Vater Rhein sein mächtiges Haupt aus dem Wasser hob. „Oh, wie schön!", entfuhr es dem überraschten Flussgott. Dann vergaß er vor lauter Staunen, seinen Mund wieder zu schließen. Alles um sie herum funkelte, glitzerte und schillerte in bunten Farben, und der Fluss warf das festliche Leuchten zurück wie ein Spiegel. Die Menschen lachten, amüsierten sich und tanzten zur Musik. So etwas hatte der Flussgott noch nie gesehen. Es war einfach wundervoll! Vater Rhein schaute sich um und lächelte selig. Da plötzlich ertönte ein lautes Krachen über ihnen und Lichtblitze durchzuckten die Dunkelheit. Vater und Tochter schauten erschrocken zum Himmel hinauf, wo ein phantastisches Feuerwerk seine bunten Lichtersträuße ans Firmament malte.

„Luzie, mein kleines, wildes Seeungeheuer", sagte Vater Rhein zu Tränen gerührt. „Das muss die famose Johannisnacht sein, von der man überall erzählt. Was für eine Wunderwelt! Ohne deinen Ungehorsam und deinen Mut hätte ich dieses herrliche Fest niemals kennengelernt." Zärtlich legte der Flussgott den Arm um sein Töchterchen. „Ich bin dir zu ewigem Dank verpflichtet. Nie wieder werde ich dir verbieten, einen Ausflug im Rhein zu machen. Das verspreche ich dir!"

Begeistert betrachteten sie den Lichterzauber am Himmel. Und als das Feuerwerk schließlich erloschen war, stiegen Vater und Tochter überglücklich in die Seepferdchenkutsche, sammelten Fidibus wieder ein und fuhren zurück ins väterliche Unterwasserschloss. Seither kehrt die ganze Familie jedes Jahr zum Johannisfest ans Mainzer Ufer zurück, um vom Wasser aus mitzufeiern.

Die Johannisnacht ist ein großes Mainzer Volks- und Kulturfest. Es findet jedes Jahr um den Johannistag (24. Juni) zu Ehren von Johannes Gutenberg statt. Er war der Erfinder des Buchdrucks und wurde um 1400 in Mainz geboren. Durch seine bahnbrechende Erfindung konnten in der ganzen Welt Bücher gedruckt werden und mussten nicht mehr von Hand geschrieben werden.

Das Fest mit seinen vielen Veranstaltungen, Märkten und dem „Gautschen" (der Buchdruckertaufe) dauert vier Tage und endet mit einem phantastischen Feuerwerk, ganz wie in diesem Märchen beschrieben. In Mainz erinnert vieles an den berühmten Sohn der Stadt, z.B. das Gutenberg-Museum, die Johannes-Gutenberg-Universität, das Gutenberghaus, das Gutenberg-Denkmal, der Gutenbergplatz oder die Gutenbergstraße.

Willigis baut einen Dom

Über tausend Jahre ist es nun her, da geschah in Mainz etwas sehr Ungewöhnliches. Willigis, der Sohn eines einfachen Rademachers, wurde zum Erzbischof ernannt. So etwas hatte es im Reich noch nie gegeben, da in dieses hohe Amt stets Söhne von Grafen, Fürsten oder Prinzen berufen wurden. „Ein armseliger Handwerkersohn kann niemals Erzbischof sein!", riefen die Mainzer Edelleute entsetzt, und doch konnten sie nichts daran ändern.

In einer Werkstatt war der neue Erzbischof aufgewachsen, hatte in jungen Jahren das Handwerk seines Vaters von der Pike auf gelernt und Tag für Tag im Schweiße seines Angesichts Wagenräder gebaut. „Merke dir eins, mein lieber Sohn", pflegte sein ehrbarer Vater stets zu sagen, wenn Willigis vor Müdigkeit umzufallen drohte: „So wie das Rad die Kutsche ins Rollen bringt, so bringt es auch den Fortschritt ins Rollen."

Dieser Leitspruch seines Vaters spornte den fleißigen Sohn an, immer weiterzumachen. Und weil er ein schlauer und ehrgeiziger Junge war, lernte Willigis lesen und schreiben, was damals nur wenigen Menschen vorbehalten war. Als er es dann beherrschte, las er die Bibel. Und wenn er das dicke Buch durchgelesen hatte, fing er wieder von vorne an. Wieder und wieder studierte er die Bibel, bis er ihren Inhalt so gut kannte, dass er das Wort Gottes und die biblischen Weisheiten auf sein Leben übertrug und jeden Tag beherzigte.

Willigis kannte sich so gut in der Heiligen Schrift aus, dass sein Lehrer ihn eines Tages an den Hof des Kaisers brachte, wo er zum kaiserlichen Ratgeber in Glaubensfragen aufstieg. Und Kaiser Otto schätzte Willigis' Predigten und fromme Ratschläge so sehr, dass er ihn an einem sonnigen Tag im Jahr 975 in das Amt des Erzbischofs von Mainz erhob, unter wütendem Protest

der Reichen und Mächtigen der Stadt. „Lächerlich! Der Sohn eines Rade-machers", beschwerten diese sich erbost. „Niemals wird er dieser wichtigen Aufgabe gewachsen sein! Niemals wird dieser arme Schlucker einen unserer adeligen Söhne ersetzen können!"

Die reichen Patrizier von Mainz waren neidisch, weil der Kaiser nicht ein Mitglied ihrer noblen Kreise als Erzbischof ausgewählt hatte. Deswegen nahmen sie Willigis als Erzbischof nicht für voll und behinderten seine Vorhaben, wo sie nur konnten. Aber Willigis kümmerte das nicht. Ganz wie sein Vater es ihm immer geraten hatte, brachte er viele Projekte ins Rollen und ließ sich von niemandem aufhalten. Er wuchs mit seinen Aufgaben, wurde ein guter Erzbischof und stieg zu einem der wichtigsten Kirchen-

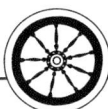

männer im Reich auf, der hielt, was er versprach, und der alles, was er be-
gonnen hatte, zu einem glücklichen Ende führte.

Eines Tages jedoch nahm er sich etwas wahrhaft Großes vor: „Liebe
Gemeinde, ich will aus Mainz eine Domstadt machen", verkündete er bei
der Sonntagspredigt. „Ich werde uns einen gewaltigen Dom bauen – so
groß, dass alle Mainzer darin Platz finden. Die größte Kirche nördlich der
Alpen soll es werden."

Als die Mainzer dies hörten, waren sie ganz baff und schüttelten sprachlos
die Köpfe. „Ist das zu schaffen? Eine Kirche, in die alle Mainzer hinein-
passen?", wisperten sie untereinander. Die adeligen Patrizier in den ersten
Bankreihen erblassten vor Neid: „Verflixter Sohn eines Hungerleiders! Das
schafft dieser Emporkömmling niemals", schimpften die Edelmänner wenig
edelmännisch. „Für diesen hochtrabenden Plan hat der Angeber einen
ordentlichen Denkzettel verdient." Und so begannen die reichen Bürger von
Mainz, sich gegen den ahnungslosen Erzbischof zu verschwören und seinen
Plan vom Dombau zu vereiteln.

Am nächsten Tag trafen sich die Verschwörer in der Hinterstube der Gast-
wirtschaft am Markt und heckten einen gemeinen Streich aus. „Nächste
Woche geht Willigis auf eine Studienreise für sein größenwahnsinniges
Dombau-Vorhaben", sagte einer von ihnen. „Er will sich den Aachener und
den Kölner Dom anschauen." „Großartig!", rief ein anderer. „Dann haben
wir freie Bahn und schlagen zu. Der wird sein blaues Wunder erleben, wenn
er zurückkommt!" Die Verschwörer brachen in hämisches Gelächter aus.
Dann ließen sie den Maler rufen und erteilten ihm einen äußerst sonder-
baren Auftrag.

Kaum war Willigis abgereist, legte die Bande los. Nacht für Nacht brachten
sie den Maler heimlich in den erzbischöflichen Palast. Dort sollte er mit
weißer Farbe auf jede Wand eines jeden Zimmers ein Rad pinseln – das
Symbol des Handwerks von Willigis' Vater. Als der Maler nach dem Sinn
und Zweck seines ungewöhnlichen Auftrags fragte, rieben sich die hohen

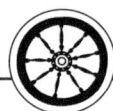

Herren schadenfroh die Hände: „Damit der Emporkömmling niemals vergisst, dass er kein Herr von Stand, sondern nur der Sohn eines armseligen Rademachers ist, der uns und unseren Söhnen das Amt des Erzbischofs vor der Nase weggestohlen hat. Das soll ihm eine ewige Lehre sein!“ Der Maler zuckte mit den Schultern. Sei's drum, ihm konnte es egal sein, denn schließlich entlohnten die Patrizier ihn fürstlich für seine Arbeit.

Wenige Tage später kehrte seine Exzellenz, der Erzbischof, voller neuer Eindrücke von seiner Reise zurück. Der Maler hatte inzwischen ganze Arbeit geleistet. Als Willigis seinen Palast betrat, stieg ihm der durchdringende Geruch nach frischer Farbe in die Nase. Verwundert schaute er sich um. „Was um alles in der Welt ist das?“ Willigis wurde ganz schwindelig. Von jeder Wand leuchteten ihm große weiße Räder entgegen. „Ach, sicher nur eine Reisekrankheit. Vom vielen Fahren in der Kutsche habe ich schon Erscheinungen“, dachte der Erzbischof und öffnete die Türen zu den Sälen im Erdgeschoss. Doch was sah er da? Räder über Räder. Panisch lief er durch die Räume. Noch mehr Räder. „Teufelswerk! Wie kann das sein?“, rief er laut und stürzte die Treppe hinauf in sein Schlafzimmer. Auch dort prangte an jeder Wand ein Rad, und über dem Bett stand in großen Lettern folgender Spruch zu lesen:

„Willigis, oh, Willigis, denk woher du komme bis'!“

Bestürzt schlug Willigis die Hände vors Gesicht und setzte sich aufs Bett. Nein, das waren keine Hirngespinste. Wer um Himmels Willen hatte das nur getan? Oder hatte doch der Teufel seine Hand im Spiel? Er dachte nach. Wenn das kein Wink des Teufels war, dann doch mit Sicherheit das Werk eines üblen Neiders, der ihm sein Amt missgönnte und der wollte, dass er sich seiner Herkunft schämte. Vielleicht wollte man ihn gar so erschrecken, dass er von seinem Amt als Erzbischof zurücktrat.

„Pah!“, dachte Willigis trotzig, „so ein paar Räder können mir doch keine Angst einjagen.“ Langsam schritt er durch die vielen Räume seines Palastes, schaute sich die perfekt gemalten Räder auf den Wänden an, strich mit den

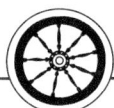

Händen darüber und fragte sich, wie er die Farbe jemals wieder abbekommen sollte. Und plötzlich hatte er eine Idee. „Eigentlich sehen die Räder an den Wänden richtig schön aus", fand er. „Und außerdem passen sie gut zu mir." Da kam ihm der Leitspruch seines Vaters in den Sinn: „So wie das Rad die Kutsche ins Rollen bringt, so bringt es auch den Fortschritt ins Rollen." Jetzt hatte er die Lösung. „Wer auch immer dahinterstecken mag, hat mir mit dem Rad ein wegweisendes Zeichen gesendet", dachte Willigis, und ein zufriedenes Lächeln erschien auf seinen Lippen.

Unverzüglich ließ er nach dem Maler schicken und wies ihn an, Hunderte weiterer Räder tapetengleich an die Wände seines Palastes zu malen. „Nichts Anderes will ich mehr an meinen Wänden sehen!", befahl der entschlossene Erzbischof, und der erstaunte Maler machte sich ans Werk. „Jetzt sind die Mainzer komplett verrückt geworden!", murmelte er kopfschüttelnd vor sich hin, während er brav ein Rad neben das andere malte.

Bald erstrahlte der erzbischöfliche Palast in neuem Glanz und mit völlig neuem Muster: Räder, Räder und nochmals Räder, soweit das Auge reichte. Die Verschwörer verstanden die Welt nicht mehr. „Gefallen? Die Räder haben dem Erzbischof gefallen, sagst du?", fragten sie den Maler immer und immer wieder und ärgerten sich schwarz: „Das darf doch nicht wahr sein!" Anscheinend hatten sie Willigis mit ihrem Streich sogar einen Gefallen getan.

Für den folgenden Sonntag hatte Willigis eine ganz besondere Predigt vorbereitet. Ganz Mainz war in der Kirche versammelt. Alle waren gespannt auf Neuigkeiten über seinen Dombau. Doch zunächst musste der Erzbischof etwas loswerden, das ihm sehr am Herzen lag. „Liebe Gemeinde", begrüßte er sie. „Gott hat mir ein wundersames Zeichen gesendet. Er ließ Räder an all meinen Wänden erscheinen, die mich an meine Herkunft erinnerten. Mein Vater war ein einfacher, aber ehrbarer Rademacher, und er hat mich einen wichtigen Leitspruch gelehrt, den ich heute an euch weitergeben möchte: ‚So wie das Rad die Kutsche ins Rollen bringt, so bringt es auch den Fortschritt ins Rollen'. Meine lieben Mainzer, eines will ich euch sagen: Ohne das Rad – Symbol der Rademacher, stünde ich heute nicht hier als

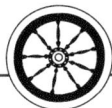

euer Erzbischof. Das Rad trieb mich beständig an, brachte mein Lernen, meine Studien und meine Karriere ins Rollen. Dem Rad und dem Leitspruch meines Vaters verdanke ich alles, was ich bin. Also möchte ich Gott danken für das Zeichen des Rades als Ermutigung für das größte Projekt meines Lebens: den Bau des Mainzer Domes."

Ein Raunen ging durch die Menge, und den Patriziern blieb vor Staunen der Mund offenstehen. Da wandte der Erzbischof sich zu ihnen und sprach hinunter in die ersten Bankreihen: „Und nicht nur Gott möchte ich danken, sondern auch denjenigen, die er dazu bestimmt hat, das Zeichen an meine Wände zu bringen. Denn wer weiß? Ohne diese Helfer wäre das große Projekt des Mainzer Dombaus vielleicht niemals in Angriff genommen worden."

Mit diesen Worten verbeugte sich Willigis und zwinkerte den Patriziern zu. Dann zog er an einem Seil, und hinter dem Altar öffnete sich ein Vorhang, der den Plan eines unvergleichlichen Kirchenbaus enthüllte. Ein Gebäude, so groß, wie es niemand hierzulande je gesehen hatte: Der Mainzer Dom. Nun sahen die Patrizier es schwarz auf weiß. Mit ihrem Streich hatten sie genau das Gegenteil erreicht. Anstatt ihn zu vertreiben, hatten sie den Erzbischof erst richtig angespornt, diesen Dom wirklich zu bauen.

„Hoch lebe Willigis!", schallte es durch die Kirche, und die versammelte Gemeinde applaudierte vor Begeisterung. Nur in den ersten Bankreihen blieb es merkwürdig still.

Getreu seinem Leitsatz machte sich der Erzbischof an die Umsetzung seines Plans, und bald schon konnten die Bauarbeiten beginnen. Und wenn es mal an Geld fehlte für den Weiterbau, dann fanden sich stets engagierte Mainzer Edelmänner mit schlechtem Gewissen, die bereitwillig spendeten, damit die größte Kirche nördlich der Alpen schnell fertiggebaut werden konnte.

Der Mainzer Dombau sollte in die Geschichte eingehen, und das Zeichen des Rades ins Mainzer Wappen. Im Zeichen des Rades brachte Erzbischof

Willigis in Mainz den Fortschritt ins Rollen. Die Stadt erlangte hohes Ansehen und wurde zu einer der bedeutendsten Städte im Reich. Die Mainzer Patrizier aber schämten sich noch jahrzehntelang für ihr schändliches Verhalten.

Erzbischof Willigis lebte von 940 bis 1011 und gilt als Erbauer des Mainzer Domes. Er war eine Schlüsselfigur in der Geschichte des Erzbistums und machte Mainz zu einer reichen und wichtigen Stadt. Deshalb findet man seinen Namen hier auch an vielen Orten wieder.

Ihr könnt sogar auf seinen Spuren wandeln. Wenn ihr durch die Willigisstraße hoch auf den Stefansberg geht, kommt ihr auf den Willigisplatz am Bischöflichen Willigis-Gymnasium und der Willigis-Realschule. Dahinter erhebt sich die Kirche St. Stephan mit den berühmten Chagall-Fenstern, wo Erzbischof Willigis begraben wurde und in der seine Statue steht.

Neben der Willigis-Sage gibt es zu den Wagenrädern im Mainzer Wappen auch andere Erklärungen. Entweder sei es das Zeichen des Heiligen Martin, Schutzpatron der Stadt und des Domes, das Christusmonogramm XP oder das Sonnenrad des keltischen Sonnengottes Mogon, von dem der römische Name von Mainz „Mogontiacum" stammt.

Der Poltergeist von Mainz

Vor vielen hundert Jahren wurde Mainz von einem schrecklichen Poltergeist heimgesucht. Wie ein Wirbelwind polterte er in den Vollmondnächten durch die Stadt, rauschte in die Häuser, ließ sie bis in ihre Grundmauern erzittern und warf Steine aus den Fenstern auf die Vorübergehenden. Dann rumpelte und stolperte er lärmend durch die Gassen, rüttelte an den Gartenzäunen, klopfte an die Haustüren, brüllte laut und klapperte mit den Fensterläden, dass die Leute im Schlaf aufgestört wurden und sich vor Angst zitternd die Ohren zuhielten, bis der Spuk vorüber war. So war jede Vollmondnacht ein einziges Erdbeben für die braven Bürger von Mainz. Im Morgengrauen war dann alles vorüber, als wäre nie etwas geschehen, und der Klopfgeist war wieder verschwunden. Bis zur nächsten Vollmondnacht.

Immer wenn der Vollmond sich näherte, verriegelten und verrammelten die Mainzer ihre Häuser und streuten Salz auf die Türschwellen gegen den Geisterspuk. Doch all das nützte nichts. Der Rumpelgeist kam und kawummte eine ganze lange Nacht durch die Stadt. Monat für Monat dasselbe fürchterliche Spektakel.

„Bumm – krach – polterkawolter.
Polterkawolter – kawumm!
Bumm – krach – polterkawolter.
Polterkawolter – kawumm!"

So stob der grausame Wüterich durch die Straßen von Mainz, dass den Menschen angst und bange wurde. War es ihm zu langweilig, immer nur die Menschen zu erschrecken, dann wütete er in den Viehställen umher und scheuchte die Tiere auf. Er hämmerte gegen die Kuhställe, fegte durch Schweinetröge und Pferdeboxen, wirbelte das Stroh auf und trampelte auf den Dächern der Stallungen umher. Die armen Tiere gerieten in Panik. Von Todesangst gepeinigt rannten sie durch ihre Ställe und blökten, grunzten, wieherten, meckerten und gackerten laut um Hilfe. Oh, welch ein Graus!

Die Mainzer Bauern wussten sich keinen Rat mehr. Doch in der Not rückt man bekanntlich zusammen, und schließlich gingen sie dazu über, ihre verängstigten Kühe, Ziegen, Pferde, Schweine, Schafe und Hühner in den Vollmondnächten zu sich in die Stuben zu holen, damit sie vor dem Poltergeist in Sicherheit wären. Und bei Sonnenaufgang atmeten alle gemeinsam auf, dass sie das Wüten des polternden Ungeheuers heil überstanden hatten.

Zu jener Zeit lebte im Bleichenviertel der kleine Hermann mit seiner Familie. Als Sohn eines armen Bauern war er von klein auf an harte Arbeit gewöhnt. Tagein tagaus half er seinem Vater auf den Feldern und seiner Mutter im Hühnerstall. Hermann war ein schlaues und mutiges Kerlchen und in jeder freien Minute ging er mit den Jungs aus der Nachbarschaft auf die Suche nach neuen Abenteuern. Sie durchstreiften Wiesen und Wälder, bauten Baumhäuser, erkundeten Erdhöhlen und unternahmen heimliche Nachtwanderungen durch das schlafende Mainz. Jedoch niemals in den Vollmondnächten, denn Hermann und seine Freunde mochten den Poltergeist ebenso wenig wie alle anderen Mainzer und hatten große Angst vor ihm.

„Immer dieser elende Krach! Jeden Monat dasselbe Spiel!", dachte der kleine Hermann wütend, wenn er abends in seinem Bett lag. Er hatte gründlich die Nase voll davon. „Das muss aufhören!" Und eines Abends heckte er einen Plan aus, wie man den Poltergeist am besten loswerden könnte.

„Das kann doch nicht ewig so weitergehen mit dem Gepolter", sagte er tags darauf zu seinen Freunden. „Ganz Mainz schlottert vor Angst, aber nie-

mand unternimmt etwas gegen den Poltergeist. Wollen wir das Getöse etwa unser Leben lang über uns ergehen lassen?" „Auf keinen Fall!", pflichteten die anderen Jungs ihm bei. „Wenn wir nur wüssten, wie wir ihn aus der Stadt vertreiben könnten." „Männer", sprach Hermann, „wir lassen uns das nicht länger gefallen. Ich habe einen Plan, wie wir den Unhold austricksen können: Wir müssen ihm zeigen, dass wir uns nicht von einem Krachmacher tyrannisieren lassen und dass wir viel lauter poltern können als er. Er muss am eigenen Leibe erfahren, wie es ist, einen solchen Krach aushalten zu müssen. Was ist? Seid ihr dabei?" „Ja!", riefen die Jungs wie aus einem Munde, und der kleine Hermann grinste stolz in die Runde. Seine Freunde waren wahrhaft keine Feiglinge!

Und so begannen sie alles zu sammeln, womit man Krach machen konnte, und brachten es in den Hühnerstall von Hermanns Mutter: Alte Töpfe, Pfannen, Waschbretter, Metalleimer und Zinkbadewannen. Sie klapperten die Werkstätten der Handwerker ab, liehen sich vom Schmied einen großen Hammer und schwere Eisenstangen, vom Bäcker ein riesiges Backblech und vom Nachtwächter die scheppernde Nachtglocke. Der dicke Hansi brachte seine Trompete mit, und zum Schluss holten sie noch die große Pauke vom Schützenfest. Als sie alles zusammengetragen hatten, war der Hühnerstall rappelvoll. Alles war bereit für das große Spektakel. Jetzt musste nur noch der Vollmond kommen.

Und der kam, unausweichlich, wie jeden Monat. Als es dunkelte, der Vollmond sich langsam hinter den Wolken hervorschob und das Mondlicht auf Mainz herunterscheinen ließ, saßen die Jungs schon im Hühnerstall auf ihren Plätzen und waren kribbelig wie ein ganzer Ameisenhaufen. Nervös schauten sie von einem zum anderen und versuchten, ihre Furcht zu

verbergen. Fest hielten sie ihre Instrumente umklammert. Keiner von ihnen sagte ein Wort.

Plötzlich begann die Erde unter ihren Füßen zu erbeben vom fernen Gestampfe des Poltergeistes, der sich der Stadt näherte. Ein rhythmisches Bumm – Bumm – Bumm, das immer näherkam, lauter und lauter wurde. Mit einem Mal setzte das Stampfen aus. Totenstille legte sich über die Stadt. Dann brach unvermittelt der fürchterliche Tornado los und fegte durch die Mainzer Straßen:

„Bumm – krach – polterkawolter.
Polterkawolter – kawumm!
Bumm – krach – polterkawolter.
Polterkawolter – kawumm!"

Immer näher kam sein Poltern, bis der Wüterich schließlich auf dem Dach des Hühnerstalls angekommen war und dort oben herumtobte wie ein Unwetter. Jetzt war es soweit. „Los, Jungs!", schrie Hermann, und auf sein Kommando legten sie los. Mit aller Kraft schlugen sie Topfdeckel gegeneinander, hämmerten auf das große Backblech ein, trommelten auf der Zinkwanne herum, droschen mit Eisenstangen auf Eimer und Töpfe, schlugen wild auf die Pauke und läuteten die Glocke im Takt dazu. Und zur Krönung blies der dicke Hansi dröhnend auf seiner Trompete, dass ihnen fast die Trommelfelle platzten. Einen solch unerträglichen Lärm hatte es in der Geschichte der Stadt noch nie gegeben. Lauter als ein Gewitter und viel lauter als der Poltergeist spielte das Schepperorchester der Jungs im Hühnerstall.

Das Rumpelmonster erstarrte und hielt sich die schmerzenden Ohren zu. Es stieß ein schauerliches Geheul aus: „Auuuuuuuu", und floh stolpernd und stampfend zum Fluss hinunter. Das Schepperorchester setzte sich schleunigst in Bewegung und folgte dem fliehenden Ungetüm auf Schritt und Tritt mit ohrenbetäubendem Scheppern und Kadeppern. Der kleine Hermann lief mit Backblech und Hammer vorneweg und machte einen Radau, dass sich die Mainzer Balken bogen. Verzweifelt lief der Poltergeist am Ufer auf und ab, donnerte, grollte, schimpfte und schrie, aber es gab

kein Entkommen. Er war dem Krach rettungslos ausgeliefert. Und so stürzte sich der Unhold schließlich in den Rhein, um unter Wasser endlich Ruhe zu finden. Es heißt, die Fluten des Rheins hätten ihn mit sich gerissen und irgendwo in weiter Ferne wieder ans Ufer gespült. Und so ward der Poltergeist in Mainz nie mehr wiedergesehen.

Hermann und seine Freunde wurden von der ganzen Stadt als Helden gefeiert und ihr Schepperorchester ausnehmend gewürdigt. Nicht weil es die schönste, sondern weil es die lauteste Musik in der Stadt gespielt hatte. Irgendwie war es verrückt. Ihr kolossaler Krawall hatte dafür gesorgt, dass endlich Ruhe und Frieden in der Stadt eingekehrt waren.

Die Legende vom Mainzer Poltergeist ist über tausend Jahre alt. Zu jener Zeit soll es in der Region um Mainz ein starkes Erdbeben gegeben haben, das viele Schäden angerichtet hat. Da die Menschen damals im Mittelalter sehr abergläubisch waren und sich solch schreckliche Naturkatastrophen nicht erklären konnten, haben sie geglaubt, dass überirdische Wesen ihr Unwesen treiben.

Das galt auch für Unwetter, Hochwasser oder extreme Kälte- und Hitzeperioden. Wenn es draußen krachte und Erde und Menschen erzitterten, wurden für Erdstöße, Blitz und Donner passenderweise Poltergeister verantwortlich gemacht.

Spaziert doch einmal durchs Bleichenviertel, wo der kleine Hermann aus der Geschichte wohnte, und lauft die Große, Mittlere und Hintere Bleiche entlang. Hier lagen damals die Wiesen, auf denen die Wäsche zum Bleichen in der Sonne ausgelegt wurde.

Die hochnäsige Schickobella

Luitgarda Kunigunda von Pommeranz war eine Mainzer Edeldame von hohem Stand. Die schöne und stolze Madame lebte mit ihrem Mann, dem reichen Junker von Pommeranz, in einem schmucken Stadthaus in der Oberstadt, das aussah wie ein kleines Schloss. „Und weil in Schlössern meistens Königinnen wohnen", dachte sich Luitgarda, „bin ich eben die Königin von Mainz." So benahm sie sich auch. Jedes Mal, wenn sie in den Spiegel schaute, sprach sie verzückt zu ihrem Spiegelbild: „Die schönste Frau der Stadt bin ich. Keine Mainzerin ist schöner als Luitgarda Kunigunda von Pommeranz!"

In der Tat war die eitle Luitgarda von außergewöhnlicher Schönheit, doch das wusste sie nur zu genau. Eingebildet reckte sie ihr wohlgeformtes Näschen zum Himmel empor. Ihr schöner Mund war sich für ein Lächeln viel zu schade, so dass sie die Mundwinkel immer miesepetrig nach unten zog und stets übellaunig wirkte. Hochmütig und eiskalt blickten ihre himmelblauen Augen auf ihre Mitmainzer herab. Ihr seidiges blondes Haar trug sie zu kunstvollen Flechtfrisuren hochgesteckt, die ihren Kopf umkränzten wie eine Krone. Oft zierte diesen Kopfputz noch ein modischer Spitzhut mit einem wallenden Schleier, so dass sie wahrhaft aussah wie ein Edelfräulein. Als Tochter eines reichen Tuchhändlers trug die vornehme Dame nur die allerfeinste Garderobe: Golddurchwirkte Kleider aus den edelsten Stoffen mit langen Schleppen, nach neuester französischer Mode, an denen überall kleine Glöckchen befestigt waren, die bei jedem ihrer Schritte bimmelnd ihre Ankunft ankündigten. Ihre zahllosen goldenen Armreifen klimperten im Takt dazu.

Fassungslos blieben die Mainzer auf der Straße stehen und blickten ihr nach, wenn sie bimmelnd und klingelnd an ihnen vorbeistolzierte und sie keines Blickes würdigte. Den Männern fiel vor Staunen die Kinnlade herunter, und so manch ein Mainzer Mädchen erblasste vor Neid. So eine aufgedonnerte Schnepfe hatte es in Mainz noch nie gegeben. „Schickobella", wurde sie heimlich von den Mainzern genannt, und sie war eine Attraktion.

So war Schickobella zweifellos die hochnäsigste und eitelste, aber auch die einsamste Frau in der Stadt, denn niemand wollte mit der eingebildeten Gans befreundet sein. Wo und wann immer sie in Mainz auftauchte, verursachte ihre pompöse Erscheinung einen Trubel: „Prunksüchtige Pute!", „Aufgeputzte Angeberin!", „Klingelnde Kuh!", zischten sie ihr hinterher. „Die sieht aus als käme sie von der ebsch Seit'", tuschelten sie untereinander.

Doch die Mainzer blieben Luft für die arrogante Luitgarda. „Pah, wer braucht schon solche Neider zum Freund?", sprach sie tagtäglich zu ihrem Spiegelbild. „Keiner dieser armseligen Mainzer ist gut genug für mich." So war Freundschaft ein Fremdwort für die hochmütige Dame und sollte es auch bleiben.

Dem Priester gefiel ein solches Verhalten ganz und gar nicht. Er konnte es überhaupt nicht leiden, dass die piekfeine Frau von Pommeranz mit ihren farbenprächtigen Bimmelkleidern und ihren langen, königlichen Schleppen einen derartigen Aufruhr in der Stadt hervorrief. Und so beschloss er, ihr einen Denkzettel zu verpassen. Bei der nächsten Sonntagsmesse predigte er im Dom von den Tugenden der Demut und der Bescheidenheit, vom Wert der Freundschaft und des Miteinanders. Am Ende seiner Predigt gab er seiner Gemeinde einen guten Rat:

„Werte Bürger von Mainz, nun merket euch eins:
Wer sich aufputzt wie ein Pfingstochs'
und herumstolziert wie ein Pfau,
dem wird zum Pfingstfest gestohlen die Schau.
Der wird spüren, ganz gewiss,
dass er bald des Teufels ist."

Ein Raunen ging durch die Kirche, und alle wussten, dass er damit nur Schickobella gemeint haben konnte, die hochnäsig wie immer in der ersten Bankreihe saß.

Die Tage gingen ins Land und bald bereitete sich ganz Mainz auf das Pfingstfest vor, so auch die eitle Schickobella. Ganz besonders schön wollte sie an den Feiertagen sein. So kam es, dass sie modisch mal wieder kolossal übertrieb. Da sie sich zwischen ihren prächtigen Festtagsgewändern für keines entscheiden konnte, zog sie alle Kleider übereinander an. All ihre bunten Schleppen hängte sie zu einer einzigen langen Riesenschleppe hintereinander. Ebenso wenig konnte sie sich für den passenden Hut entscheiden. Und so balancierte sie all ihre Hüte übereinandergestapelt auf dem Kopf. Obenauf thronte majestätisch die schönste ihrer Hutkreationen: ein ausgestopfter Schwan.

Mit lautem „Klingeling" zog die aufge-donnerte Schickobella wie eine Pfingst-parade in den Mainzer Dom ein, worauf alle sich neugierig zu ihr umdrehten. Bei ihrem Anblick blieb den Mainzern schier die Luft weg. Sie konnten kaum glauben, was für eine Modenschau ihnen die Pommeranz'sche zu diesem Pfingstfest bescherte. Fassungslos schauten sie zu, wie die aufgebrezelte Edeldame hoch erhobenen Hauptes durch den Mittelgang zur ersten Bank nach vorne stakste und eine unendli-che, bunte Schleppe hinter sich her-zog, so lang wie die Große Langgasse.

„Iiiiih!" Plötzlich unterbrach ein spitzer Schrei das Kleidergebimmel und eine leichenblasse Frau zeigte zu Tode erschreckt zu Boden. „Seht nur, ihre Schleppe ist lebendig!", rief sie entsetzt. Die Mainzer erstarrten. Auf der Schleppe war ein einziges schwarzes Gewimmel. Tausende klitzekleine gehörnte Winzlinge tummelten sich dort, hüpften, kreischten, kicherten und balgten sich. Die winzigen Teufelchen, klein wie Haselmäuse, zappelten auf der Schleppe wie die Fische im Netz und versetzten die Gemeinde in Angst und Schrecken. Es gab ein wildes Gedrängel und manche stolperten panikartig aus dem Gotteshaus. „Teufelsspuk, oh Graus!", schrien sie immer wieder und bekreuzigten sich. Welch ein Albtraum für die armen Mainzer.

Mit versteinerter Miene starrte die hochnäsige Schickobella ungläubig auf ihre lebendig gewordene Schleppe. Dann begann sie zu zetern und zu schreien. Immer lauter und lauter. Sie war außer sich vor Angst. Wie eine Furie trat sie wild nach den kleinen Teufelchen, um sie zu verscheuchen. Schließlich brach sie in ein verzweifeltes Jammern aus, fiel weinend auf die Knie und flehte Gott um Gnade und Vergebung an.

Und siehe da, mit einem Mal war der Teufelsspuk vorbei. So schnell wie sie gekommen waren, waren die wimmelnden Winzlinge wieder verschwunden. Zerknittert und zerrissen lag die lange Schleppe da. Zerknirscht standen die Mainzer drumherum. Kein einziges Kleiderteufelchen war mehr darauf zu sehen. Totenstille herrschte in der Kirche, bis auf Schickobellas Schluchzen. Und als auch das schließlich verklungen war, konnte die Pfingstmesse endlich ihren Anfang nehmen und der Priester seine erschrockene Gemeinde beruhigen.

Die Erscheinung der Kleiderteufelchen sollten die Mainzer ihr Lebtag nicht vergessen. Dieser Schreck hatte selbst die hochnäsige Schickobella geheilt und sollte ihr für immer eine Lehre sein. Von einem Tag auf den anderen wurde sie zu einem guten und liebenswerten Menschen, half den Armen und Bedürftigen, tröstete die Unglücklichen und wurde vielen Mainzerinnen eine treue Freundin. Ihr Hochmut und ihre Eitelkeit gehörten ein für alle Mal der Vergangenheit an.

Noch lange erzählte man sich in Mainz die Geschichte von der Teufels-schleppe und für lange, lange Zeit trugen die Mainzer Frauen aus Angst vor den Kleiderteufelchen keine Schleppen mehr an ihren Kleidern. Doch die Winzlinge wurden in Mainz nie wiedergesehen. Und eines schönen Tages erinnerte sich die inzwischen hochgeschätzte Frau von Pommeranz an ihre alte Leidenschaft und beschloss, ihr Wissen um modische Garderobe mit den Frauen von Mainz zu teilen und sie nach Pommeranz'scher Eleganz auszustaffieren. Und so kam es, dass schließlich lauter neidlos schöne Schickobellas durch die Mainzer Straßen liefen – eine schöner als die andere.

Im Mittelalter war Mainz eine Handelsstadt. Viele Schiffe aus der ganzen Welt legten hier an, die nicht nur die feinsten Köst-lichkeiten, Gewürze und Juwelen, sondern auch die edelsten Stoffe und modischsten Schnitte mitbrachten.

So ist es kein Wunder, dass es viele schicke Frauen in der Stadt gab. Solch modischen Firlefanz verurteilten viele Priester, weswegen Schleppen in Mainz tatsächlich eine Zeit lang als un-schicklich galten und keine Frau sich mehr traute, sie zu tragen. So entstand die Legende von den Teufelchen auf der Schleppe.

Damals lebten viele reiche Patrizierfamilien in Mainz. Geht einmal zum Haus zum Stein in die Weintorstraße 1. Dort ist der prachtvolle, mittelalterliche Wohnturm der Familie zum Stein (de Lapide) noch erhalten. Er ist ein imposantes Beispiel, wie reiche Familien damals gewohnt haben, und das älteste Wohnhaus der Stadt.

Räuberhauptmann Schinderhannes

Unweit von Mainz in den Hunsrücker Wäldern trieb einst ein finsterer Räuber sein Unwesen. Johannes Bückler war sein Name, doch im ganzen Land war er nur als Schinderhannes bekannt. Ein übler Gesell, wie er im Buche steht. Ein Lumpenhund, der jeden ausraubte, der ihm über den Weg lief. Mit seiner wilden Räuberbande zog der Schinderhannes von Ort zu Ort, raubte, erpresste, beging Einbrüche und Diebstähle und überfiel unschuldige Bürger. Alle zitterten vor seiner skrupellosen Bande, die nichts lieber tat, als mit ihren Pistolen die Leute in Schach zu halten und ihnen ihr Hab und Gut zu stehlen.

Bis an die Zähne bewaffnet hockten die Unholde im Gebüsch, in den Straßengräben, oder sie lauerten hinter den Bäumen im Wald und warteten, bis ein Reiter oder eine Kutsche des Weges kam. Dann sprangen sie mit gezückter Waffe hervor und knöpften ihren Opfern die Wertsachen ab. Sie rissen den Damen die Perlenketten von den Hälsen, stahlen den Herren die Taschenuhren und raubten ganze Kisten voller Steuergelder. Nicht nur auf Geld und Schmuck hatten es die Mistkerle abgesehen: Kleider, Schuhe, Hüte, sogar Unterröcke und Hosenträger. Pferde, Gänse, meckernde Ziegen und laut gackernde Hühner stahlen sie aus den Ställen der Bauern. Manchmal sogar Nachttöpfe, Mausefallen, eine Ladung Schnaps oder einen Vogelkäfig mit Papagei. Mit ihrer Beute türmten die Übeltäter dann in ihr Räuberlager, feierten wilde Trinkgelage und sangen ihre fiesen Räuberlieder:

„Tief im dunklen Wald, wo des Räubers Büchse knallt.
Da sind wir zu Haus und rauben alle aus.
Pass gut auf und bleib uns fern.
Wir bestehlen dich nur allzu gern.
Des Schinderhannes Bande ist wahrlich keine Schande.
Wir sind die schlimmsten Räuber hier im ganzen Lande."

Wehe dem, den die Bande in die Finger bekam. „Wer uns an die Polizei verrät, dem geht es an den Kragen", drohten die Räuber ihren Opfern und schossen mit ihren Pistolen dreimal in die Luft. „Also keinen Mucks, sonst kommen wir wieder und knallen euch ab!" Und so hat sie tatsächlich nie jemand verraten, auch wenn so manch einer genau wusste, wo die Bande gerade herumlungerte.

Nur einen gab es, dem ging das Treiben der Unholde so auf die Nerven, dass er nur darauf wartete, ihnen irgendwo zu begegnen, um sie der Polizei zu melden. Das war der Handwerker Benno. Er war als Wandergesell unterwegs und zog von Dorf zu Dorf durch die Lande, so wie es auch die Räuber taten. Nur verdiente Benno sein Geld mit ehrlicher Arbeit. Ein geschickter Handwerker war er. Alles, was kaputt war, machte er wieder ganz. In den Dörfern und auf den Höfen bot er seine Dienste an, machte Reparaturen, Ausbesserungsarbeiten, schreinerte Möbel und half bei der Ernte. So wanderte er kreuz und quer durch Hunsrück und Taunus. Und wohin sein Weg ihn auch führte, berichtete man ihm von den Gräueltaten des Schinderhannes.

Auf seinen Wegen hatte Benno die Bande oft genug vorbeiziehen se-hen. Jedes Mal hatte er sich gerade noch rechtzeitig in die

Büsche schlagen können, um ihren Raubzügen zu entgehen. Nur einmal war auch er den Räubern in die Falle gegangen. Da hatten sie ihm ihre Flinten unter die Nase gehalten, „Geld oder Leben" gebrüllt und ihm sein schönes Werkzeug gestohlen. Seitdem hatte er eine Stinkwut im Bauch. „Verflixte Mistkerle! Ihr werdet mich kennenlernen", hatte er ihnen zornig hinterhergerufen. „Das werde ich euch heimzahlen. Darauf könnt ihr euch verlassen!" Von da an hatte Benno nur noch eines im Sinn: Rache!

Schlimme Zeiten waren das. Zwar wurde der Schinderhannes auch so manches Mal von der Polizei geschnappt und bei Wasser und Brot in ein Verlies gesperrt. Doch immer wieder sägte er die Gitterstäbe seiner Gefängnisse durch, floh über Dächer, sprang aus Turmfenstern oder kletterte an einem Seil aus zusammengeknoteten Bettlaken hinunter. Oder seine Männer kamen und schossen mit lautem „Piff, Paff, Puff" um sich. „Hände hoch und Schlüssel her!", befahlen sie den Wachen, schlossen die Gefängnistür auf, und im Handumdrehen war der Räuberhauptmann wieder frei.

Es war zum Verrücktwerden! Obwohl man im ganzen Land nach ihm fahndete und eine hohe Belohnung auf ihn ausgesetzt war, konnte niemand ihn fangen. Gegen den Schinderhannes und seine unbarmherzige Bande war einfach kein Kraut gewachsen.

Eines Tages wollte der Schinderhannes die Mainzer mal so richtig ärgern. Eine berühmte französische Tänzerin befand sich in ihrer Kutsche auf dem Weg von Paris nach Mainz. Am Abend sollte die Ballerina im Theater vor der feinen Mainzer Gesellschaft auftreten. „Mon Dieu!", kreischte die schöne Dame und erlebte den Schreck ihres Lebens, als der Schinderhannes höchstpersönlich in voller Fahrt ihre Kutschentür aufriss und zu ihr hineinsprang. „Werte Madame", sprach er und küsste galant ihre Hand. „Bevor Ihr den fetten Mainzer Geldsäcken Eure Tanzkunst vorführt, tanzt Ihr erst einmal auf unserem Räuberball."

Er zog seine Pistole und zwang den Kutscher, nach Griebelschied zum Gasthaus zu fahren. Dort musste die berühmte Tänzerin den nach Schnaps

stinkenden Räubern, Bettlern und Vagabunden stundenlang vortanzen. Erst als sie sich die armen Füße wundgetanzt hatte, ließen die Widerlinge sie endlich gehen. Großen Applaus und einen ganzen Beutel voller Goldmünzen bekam sie von den Gaunern. Dann erst durfte sie mit großer Verspätung nach Mainz weiterfahren, wo man seit Stunden in großer Sorge auf sie gewartet hatte. Die Räuber indes zechten fröhlich weiter bis zum frühen Morgen. Für den Räuberball von Griebelschied hatte der Schinderhannes sich extra einen schicken grünen Jägeranzug schneidern lassen. Natürlich aus Stoff, den er eigenhändig gestohlen hatte.

„Jetzt reicht's!", sprach Benno erzürnt, als er die Geschichte vom Räuberball hörte. „Das ist ja wohl der Gipfel! Nicht genug damit, dass er das ganze Land in Angst und Schrecken versetzt. Jetzt lacht der unverschämte Schinderhannes sich auch noch ins Fäustchen. Wenn ich ihn das nächste Mal sehe, dann ist er dran. Das schwöre ich, so wahr ich Benno heiße!"

Und eines schönen Tages war es dann tatsächlich soweit. Benno lief gerade über einen Feldweg im Hintertaunus, als es in einem Kornfeld neben ihm verdächtig raschelte. Blitzschnell sprang er hinter ein Gebüsch am Wegesrand und duckte sich. Sein Herz klopfte wie wild, und er zitterte wie Espenlaub, als der Schinderhannes und seine Männer schweren Schrittes an ihm vorbeistiefelten und auf der anderen Seite des Weges im nächsten Feld verschwanden. Schwer schleppten sie an prall gefüllten Leinensäcken, die sie irgendwo erbeutet hatten. Zum Glück hatten sie ihn nicht gesehen. „Na wartet, ihr Schlawiner", dachte Benno. In Windeseile machte er sich auf zur nächsten Polizeistation.

Benno war schon ein ganzes Stück gerannt, als er von Weitem ein Polizeikommando auf sich zukommen sah. Keuchend blieb er vor ihnen stehen. „Wachen!", stammelte er außer Atem. „Ich habe den Schinderhannes gesehen. Dort hinten im Feld." Er drehte sich um und lief los. Aufgeregt rannten die Wachen ihm hinterher auf das Kornfeld zu, in dem das Diebesgesindel sich verbarg.

Da tauchte urplötzlich der Schinderhannes vor ihnen auf. Nichtsahnend spazierte der Fiesling aus dem Kornfeld. Genau in dem Moment schlugen die Polizisten zu. Sie zückten ihre Waffen, schrien „Hände hoch! Ergib dich, du Schurke!", und nahmen den überraschten Gauner fest. Rasend vor Wut stürzten seine Kumpane aus dem Kornfeld und wollten ihn befreien, doch die Wachen hatten sie schon eingekreist. Sie mussten sich ergeben und das Diebesgut zurückgeben. In Handschellen wurde die Bande abgeführt und im sichersten Gefängnis der ganzen Gegend eingekerkert: Im uneinnehmbaren Mainzer Holzturm, bewacht von einem ganzen Trupp Soldaten. Nun gab es für die bösen Räuber kein Entkommen mehr.

Das Volk jubelte! Und Benno bekam die Belohnung, die auf die Ergreifung des Räuberhauptmanns ausgesetzt war. Dank seiner Hilfe hatte man dem Lumpen endlich das Handwerk legen können. Damit er gut aufpassen konnte, dass die Bande auch nicht entkam, eröffnete Benno einen Reparaturstand direkt am Holzturm.

„Handwerker Benno –
Reparaturen aller Art"
stand auf seinem Schild. Von da an arbeitete er an seinem neuen Stand am Holzturm und hatte dabei gleichzeitig immer ein Auge auf den Ganoven. „Sicher ist sicher!", dachte sich Benno.

Und so kam der Schinderhannes schließlich doch noch vor den Richter. Viele Monate dauerten die Gerichtsverhandlungen im Kurfürstlichen Schloss. So viel Schuld hatte der Gauner auf sich geladen. Sage und schreibe 130 schlimme Verbrechen konnten dem berüchtigten Banditen nachgewiesen werden. Dafür wurden der Schinderhannes und 19 seiner Männer schließlich zum Tode verurteilt.

Nach vielen Jahren schlimmer Räubereien und einem Leben in ständiger Angst konnten sich die Menschen in Hunsrück und Taunus und natürlich die Mainzer, die den gefährlichen Häftling über so lange Zeit in ihrer Stadt erdulden mussten, endlich wieder sicher fühlen. Und Benno konnte endlich vom Holzturm fortziehen. Von seiner Belohnung kaufte er sich ein hübsches Häuschen in Mainz und lebte fortan ein friedliches Handwerkerleben ohne Räuberbanden und Pistolen. Und darüber war er sehr froh!

Johannes Bückler, der Schinderhannes, saß 16 Monate lang im Gefängnis im Holzturm. Der Holzturm, den in Mainz jeder kennt, ist einer von drei heute noch existierenden Türmen der mittelalterlichen Stadtmauer. Er diente früher als Wachturm, Stadttor und Gefängnis. Sein Name stammt vom ehemaligen Holzstapelplatz der Stadt, der früher dort in der Nähe am Rhein lag.

Im Kurfürstlichen Schloss, wo das Todesurteil über den Verbrecher gesprochen wurde, befinden sich heute das Römisch-Germanische Zentralmuseum und der Akademiesaal. Ende 1803 wurde der Verbrecher vor dem Neutor, auf dem Gebiet des heutigen Stadtparks, hingerichtet. Als warnendes Andenken stehen an der Stelle 19 Bäume rund um einen Zwanzigsten in der Mitte. Das soll der Schinderhannes sein, umgeben von seinen 19 Spießgesellen.

Die Verschwörung der Mainzerinnen

or langer, langer Zeit gab es in Mainz einmal ein Wirtshaus, das war bei den Männern der Stadt außerordentlich beliebt. Jeden Tag kehrten sie nach Feierabend dort ein, genossen ein kühles Bier nach dem anderen, lauschten der fröhlichen Spielmannsmusik und spielten ihre Würfel- und Kartenspiele. Oft fanden sie es dort so gemütlich, dass sie gar nicht erst zum Abendessen heimgingen, sondern einfach weiter Bier tranken bis spät in die Nacht hinein. Dann torkelten sie beschwipst nach Hause, fielen in ihre Betten und schnarchten so laut, dass die Wände wackelten.

Den Mainzerinnen gefiel das ganz und gar nicht. „Abend für Abend sitzen unsere Männer im Wirtshaus, wo sie doch bei ihren Frauen und Kindern sein sollten", beschwerte sich die Frau des Schmieds. „Außerdem vertrinken sie das ganze Geld", klagte die Schneidersfrau. „Und hören nicht einmal die Glocke des Nachtwächters, wenn er zur Sperrstunde läutet und alle nach Hause gehen sollen", schimpfte die Metzgersfrau. „Kein Wunder, dass unsere Männer die Nachtglocke nicht hören", sprach da die Frau des Schusters. „Sie laden den Nachtwächter doch extra zum Biertrinken ein, gerade damit er vergisst, seine Glocke zu läuten und sie an das Heimkehren zu erinnern."

Die Mainzer Frauen waren stinksauer auf ihre Männer. „Meine Damen, wir müssen handeln! Das Lotterleben unserer Männer muss ein Ende haben", verkündete die Krämersfrau eines Tages beim Damenkränzchen. „Was können wir denn nur tun?" Ratlos sahen sie sich an.

„Ich hab's!", rief da plötzlich Adelheid, die Frau des Glockengießers, und blickte aufgeregt in die Runde. „Wir brauchen eine neue Nachtglocke. Eine, die auch wirklich läutet. Rechtzeitig und laut genug, damit unsere Männer wissen, wann sie nach Hause kommen sollen."

Als die Frauen das hörten, waren sie hellauf begeistert. „Adelheid, das ist eine großartige Idee! Aber wo in aller Welt sollen wir so eine Glocke herbekommen?" „Ganz einfach, die machen wir selbst!", antwortete Adelheid. „Keine Sorge, mit dem Glockengießen kenne ich mich aus. Dabei habe ich meinem Mann schon oft geholfen. Aber ihr müsst alle mit anpacken! Allerdings müssen wir Metall für die Glocke kaufen, und das ist richtig teuer. Wovon sollen wir das bloß bezahlen?", seufzte sie entmutigt.

Da meldete sich Genoveva, die Frau des Tuchhändlers, zu Wort: „Ich habe eine Idee. In letzter Zeit hatte mein Mann so oft ein schlechtes Gewissen, dass er mir immer mal wieder ein Schmuckstück geschenkt hat, und ich wette, bei den meisten von euch ist das nicht anders gewesen." Die anderen nickten eifrig. „Also, wenn ihr mich fragt, liebe Freundinnen, ich will keine Juwelen. Ich will, dass mein Mann bei uns zu Hause ist. Lasst uns unseren Schmuck verkaufen und eine Glocke gießen, die uns unsere Männer wieder nach Hause bringt. Seid ihr dabei, Frauen von Mainz?" „Jaaa!", erklang es einstimmig aus vielen Mündern.

Dann gingen die Damen nach Hause. Sie durchwühlten ihre Schubladen und Schränke, kramten in Schmuckschatullen und Döschen und leerten ihre Geheimverstecke. „Sieht aus wie ein Piratenschatz", bemerkte Brunhilde, die Frau des Seidenwebers, als sie den funkelnden Berg an Goldringen, Armbändern, Diademen, Perlenketten und Edelsteinen sah. Kurz entschlossen packten sie die „Juwelen des schlechten Gewissens" in eine Holztruhe, luden diese auf einen Eselskarren und fuhren zum Juwelier. Der

staunte, als er die Schätze sah und zahlte den Mainzerinnen ein schönes Sümmchen dafür. Genug Geld, dass Adelheid davon Kupfer und Zinn für eine Glocke mit einem schönen, lauten Klang bestellen konnte.

Von nun an trafen sich die Verschwörerinnen jeden Abend nach dem Abendessen in Adelheids Garten. Mit vereinten Kräften und sämtlichen Schaufeln, die sie auftreiben konnten, gruben die Mainzerinnen unter tatkräftiger Mithilfe ihrer Kinder ein großes Loch im lehmigen Garten des Glockengießers. Nach getaner Arbeit wurde es sorgfältig abgedeckt, damit der Glockengießer nicht merkte, was da hinter seinem Rücken im hintersten Eckchen seines Gartens vorging. Als das Loch ausgehoben war, bauten sie die Glockenform hinein, schaufelten die Form mit Erde zu und mauerten eine steinerne Rinne vom Ofen zur Form. Nun war alles für den Guss bereit.

Am nächsten Sonntag nach der Messe nahmen die Mainzerinnen den Priester von St. Quintin zur Seite. „Hochwürden, es wäre uns eine Freude, Eurer Kirche eine neue Glocke zu spenden. Ihr müsst uns aber versprechen, sie jeden Abend pünktlich zur Sperrstunde zu läuten, damit unsere Männer aus dem Wirtshaus nach Hause kommen." Hocherfreut nahm der Priester das Angebot an. „Das will ich gerne tun, werte Damen. Das Wirtshaustreiben in unserem schönen Mainz ist mir sowieso schon lange ein Dorn im Auge."

Am nächsten Abend war es soweit. Die Damen heizten den Schmelzofen auf über 1000 Grad Hitze an und schmolzen darin das Metall für die Glocke. Dann war der entscheidende Moment gekommen. Mit einer langen Eisenzange löste Adelheid den Zapfen aus dem Schmelzofen, und mit lautem Zischen schoss das glühend heiße Metall funkensprühend in die Form hinein. Ängstlich wichen die Damen zurück. Meterhoch loderten feurige Gase in die Luft. Dichte Dampfwolken umhüllten die hustenden Mainzerinnen. Es knisterte und brodelte, knallte und prasselte.

Einige Wochen später war die Glocke ausgegraben, blank geschliffen und poliert. Feierlich hängte Adelheid den Klöppel ein. Als das erste „Bimbam" ertönte, waren die Mainzerinnen zu Tränen gerührt, so schön war der Klang. An jenem denkwürdigen Abend feierten die Damen ein rauschendes

Fest. Zur Stärkung gab es Weck, Woi und Woosch für alle. Das hatten sie sich nach der Schufterei auch redlich verdient!

Stolz schmückten sie am nächsten Morgen ihr Meisterstück mit Blumen und brachten es auf ihrem Eselskarren zur Glockentaufe zur Kirche St. Quintin. „Welchen Namen soll eure Glocke tragen?", fragte der Priester, bevor er die Glocke mit Weihwasser bespritzte. „Lumpenglöckchen!", antworteten die Mainzerinnen kichernd. „Weil sie unsere Lumpen von Ehemännern immer daran erinnern soll, rechtzeitig nach Hause zu kommen."

Von jenem Tag an läutete das Lumpenglöckchen jeden Abend sein lautes „Bimbam" und rief die Mainzer Männer nach Hause. Der Trick der Mainzerinnen funktionierte wunderbar. Bald schon war wieder Ruhe und Frieden in den Mainzer Familien eingekehrt. Und von dem vielen Geld, das die Männer nun sparten und nicht im Wirtshaus ausgaben, kauften sie ihren lieben Frauen zum Dank immer mal wieder schöne, neue Schmuckstücke.

Das Lumpenglöckchen ist die bedeutendste und älteste Glocke im Glockenturm der Mainzer Kirche St. Quintin. Es ist fast 800 Jahre alt, 115 kg schwer und sieht aus wie ein Bienenkorb.

Neben dem Lumpenglöckchen hängen noch drei weitere Glocken im Glockenturm, der früher einmal die Brandwache der Stadt war. Deswegen gibt es dort oben eine Wohnung, in der damals der Türmer wohnte, der die Glocken läutete und aufpasste, dass sich in Mainz kein Feuer ausbreiten konnte. Feuer war sehr gefährlich für die Stadt, weil fast alle Häuser aus Holz gebaut waren und schnell in Brand geraten konnten. Die Kirche St. Quintin ist die älteste Pfarrkirche von Mainz und steht in der nach ihr benannten Quintinsstraße.

Rabbi Amram

Im Mittelalter lebte in der jüdischen Gemeinde von Mainz ein hoch angesehener Mann namens Rabbi Amram. Rabbi, das bedeutet Meister oder Lehrer. Und Amram war in der Tat ein wahrer Meister seines Fachs. Er kümmerte sich aufopfernd um seine Gemeinde, war Vorbeter in der Synagoge, dem jüdischen Gotteshaus, und gründete im Mainzer Judenviertel eine Schule, wo er tagtäglich seine Schüler unterrichtete. Und das machte er richtig gut. So kamen mit der Zeit immer mehr Schüler an seine Schule, und Amram von Mainz wurde in der ganzen Gegend berühmt. Sein guter Ruf drang sogar bis nach Köln.

Eines Tages kam ein Brief aus Köln. Darin stand: „Werter Rabbi Amram, bitte bringt Eure Lehre auch in unsere Stadt. Zieht zu uns nach Köln und gründet auch bei uns eine so angesehene Schule. Wir zahlen Euch den allerbesten Lohn dafür." Amram traute seinen Augen nicht. „So ein Schlamassel!", rief er bestürzt. „Mein geliebtes Mainz soll ich verlassen. Die Stadt, in der ich geboren und aufgewachsen bin und die ich über alles auf der Welt liebe. Unvorstellbar!"

Schließlich traf er schweren Herzens eine Entscheidung: „Ich werde trotzdem nach Köln gehen. Es ist meine Pflicht. In Mainz kennt man meine Lehre schon. In Köln jedoch ist eine neue Schule zu gründen, und viele neue Schüler sind zu unterrichten. Ich muss dem Ruf meiner Lehre folgen!"

Und so packte Rabbi Amram seine Sachen, verschnürte sie auf seinem Boot und fuhr den Rhein herunter bis nach Köln. Er zog in ein schmuckes Häuschen im Judenviertel am Rathaus und begann in der Kölner Synagoge mit seiner Lehre. Dort gab es viel zu tun, denn nicht nur die Stadt war größer, sondern auch die jüdische Gemeinde. Vor lauter Arbeit hatte er gar keine Zeit für Heimweh nach Mainz, geschweige denn für einen Ausflug in die alte Heimat.

So gingen die Jahre ins Land und Rabbi Amram wurde ein sehr berühmter Gelehrter, der viel Gutes bewirkte. Er wurde immer älter, sein weißer Bart wurde immer länger, und eigentlich war er rundum zufrieden. Nur eines fehlte ihm zum Glück: seine Heimatstadt Mainz, die er nicht vergessen konnte.

Eines Nachts starb der uralte Rabbi Amram in seinem Bett, und seine Gemeinde war tieftraurig. Auf seinem Schreibtisch fanden seine Schüler ein Pergament, auf dem sein letzter Wille zu lesen war:

Liebe Gemeinde,
wenn ich sterbe, legt meinen toten Körper in mein Boot und setzt es auf dem Rhein aus. Es wird allein und ohne Steuermann den Weg in meine Heimat Mainz finden. Dort möchte ich bei meinen Eltern auf dem Judenfriedhof begraben sein.
Rabbi Amram von Mainz

Ungläubig sahen die Schüler einander an. „Das ist ein Ding der Unmöglichkeit! Niemals fährt ein Boot ohne Steuermann ganz von allein gegen den Strom den Rhein herauf bis nach Mainz!", sagten sie und schüttelten den Kopf über den verrückten letzten Wunsch ihres lieben Rabbis. Aber selbst-

verständlich taten sie ihm gerne diesen letzten Gefallen. Sie wickelten ihn in ein Leintuch, legten ihn in einen prunkvoll geschnitzten Sarg und hievten diesen am Rheinufer auf sein altes Ruderboot. Vorne und hinten am Boot zündeten sie Totenkerzen an. Dann schoben sie es ins Wasser und beobachteten gespannt, was nun geschehen würde.

Schwungvoll schoss das Boot in die Mitte des Stroms hinaus. Es kam ins Trudeln, drehte sich mehrmals um seine eigene Achse und schwamm dann, wie von einer magnetischen Kraft angezogen, zielstrebig gegen die Wellen flussaufwärts Richtung Mainz. „Ein Wunder!", riefen sie verblüfft. Sprachlos starrten alle dem Wunderboot hinterher, das da ganz ohne Steuermann, aber dafür mit Höchstgeschwindigkeit gegen den Strom durch die Wellen preschte.

Fischschwärme stoben verstört auseinander, schnatternde Enten paddelten ihm nach und ein Schwarm laut kreischender Möwen flog dem rasenden Ruderboot hinterher. Verdutzte Kapitäne schauten dem unbemannten Kahn fassungslos nach. Am Ufer machten Kutschen kehrt und folgten ihm auf dem Landweg. Eine aufgescheuchte Hundemeute nahm mit lautem Gebell die Verfolgung auf, Reiter ließen ihre Pferde wenden und galoppierten hinter ihnen her. Sogar die schöne Loreley auf ihrem Felsen schien ungläubig den Kopf zu schütteln.

So entstand hinter Amrams Boot zu Wasser, zu Lande und in der Luft eine regelrechte Prozession aus Menschen und Tieren, die es würdig bis nach Mainz geleiteten. Dort hatte die Kunde von dem Wunderboot bereits die Runde gemacht. Rasch waren die Mainzer ans Ufer gelaufen, um mit eigenen Augen das Wunder zu sehen. „Wer um alles in der Welt mag nur in diesem Boot liegen, dass er Derartiges bewirken konnte?", fragten sie sich und schauten auf das magische Gefährt, das in der Mitte des Flusses plötzlich ins Trudeln geriet, sich um seine eigene Achse drehte und dann im Affenzahn auf das Mainzer Ufer zuschoss. „Hilfe!", schrien die Mainzer und liefen auseinander. Mit einem ohrenbetäubenden Knall schlitterte der Kahn an Land und blieb abrupt stehen.

Zögernd schlichen die Mainzer an das Wunderboot heran. Sie hoben den schweren Holzsarg von Bord und nahmen den Deckel ab. Doch als sie das Leintuch aufdeckten, erblickten sie ein wohlbekanntes Gesicht: „Rabbi Amram!", riefen sie glücklich. „Unser großer Gelehrter ist nach Hause zurückgekehrt!"

So wurde der sehnlichste Wunsch des Rabbi Amram erfüllt, und er wurde auf dem jüdischen Friedhof von Mainz neben seinen Eltern begraben. Nach der rasantesten Bootsfahrt des Mittelalters fand er endlich die verdiente ewige Ruhe in seiner geliebten Heimatstadt.

Der sagenumwobene Rabbi Amram von Mainz soll im zehnten Jahrhundert gelebt haben. Schaut euch einmal das beeindruckende Gebäude der Neuen Mainzer Synagoge am Synagogenplatz an. Dort, wo früher die alte Hauptsynagoge stand, hat die Jüdische Gemeinde von Mainz ein ganz modernes Gemeindezentrum errichten lassen.

Einer Legende nach soll die Kirche St. Emmeran um den Sarg von Rabbi Amram errichtet worden sein. Geweiht ist sie allerdings dem Heiligen Emmeran von Regensburg. St. Emmeran ist heute die Kirche der italienischen Gemeinde von Mainz und steht in der Emmeranstraße.

Das Zeltlager des Kaisers

Man schrieb das Jahr 1184 und in Mainz gab es etwas zu feiern. Heinrich und Friedrich, die beiden hochwohlgeborenen Söhne des Kaisers Barbarossa, sollten zu Rittern geschlagen werden. Diese höchste Ehre im Leben seiner jugendlichen Söhne wollte der Kaiser mit einem rauschenden Mainzer Hoffest begehen, zu dem er alle Menschen einladen wollte, die das Leben seiner Sprösslinge seit ihrer Geburt begleitet hatten. Und eines war gewiss. Es würde ziemlich voll werden in Mainz, denn so eine Kaiserfamilie kannte in der Regel einen ganzen Haufen Leute.

Die kaiserlichen Kuriere galoppierten durch die Lande und trugen die Einladungen zum Mainzer Ritterschlag in die entferntesten Ecken des Reiches. Zu Prinzen und Prinzessinnen, Grafen und Gräfinnen, Edelmännern und Edelfrauen, Rittern und ihren Burgfräulein und zu den hohen kirchlichen Würdenträgern. Sie alle sollten sich zu Pfingsten in Mainz einfinden, um die frischgebackenen jungen Ritter zu feiern. Sogar das Festtagsprogramm war schon fertig: Zuerst der feierliche Ritterschlag, dann ein Festmahl, Musik, Tanz, Gaukler, ein Schlangenbeschwörer aus dem Orient und als Höhepunkt ein Ritterturnier. „Das wird ein Fest – so großartig, wie man es im ganzen Reiche noch nicht erlebt hat!" Der Kaiser war hochzufrieden.

Doch irgendwann begann Barbarossa zu zweifeln. „Hoffentlich habe ich nicht zu viele Leute eingeladen", dachte er besorgt. „Wenn sie alle zusagen, dann platzt die Stadt aus allen Nähten." Nervös zwirbelte der Kaiser an seinem roten Bart und hoffte, dass er viele Absagen erhalten würde.

Tatsächlich freuten sich die erlauchten Gäste aber so sehr über die Einladung des Kaisers, dass sie allesamt zusagten. „Owei!", stöhnte der Kaiser, als er den riesigen Berg Pergamentrollen in seiner Schreibstube sah. Tausende und Abertausende solcher Zusagen waren eingetroffen:

Gnädigster Herr Kaiser, wir sind Euch zu großem Dank verpflichtet

und freuen uns auf Euer Fest, dem wir natürlich vollzählig beiwohnen werden.

Hochachtungsvoll

Fürst von Andechs mit Kindern und Kindeskindern

Barbarossa, lieber Freund, wie schnell doch die Zeit vergeht.
Schon sind Eure Jungs erwachsen.
Obwohl Großmama die Gicht plagt, hat sie es sich nicht nehmen
lassen, sich auch einen Platz in unserer Kutsche zu reservieren.
Wir kommen mit alle Mann.
Herzliche Grüße an Beatrix und die Kinder.

Bis Pfingsten!

Gezeichnet

die Sippe derer von Katzeneinbogen

Eure Majestät, welch eine Ehre, zum Ritterschlag
Eurer Söhne geladen zu sein. Wir kommen gerne
und bringen die ganze Familie mit.

Ergebenste Grüße

Eure Wittelsbacher

Barbarossa rief nach seiner Frau Beatrix und seinen elf Kindern. „Ihr müsst mir helfen", bat er sie. „Wir müssen nachzählen, wie viele Gäste kommen." Und so zählte Familie Barbarossa bis in die frühen Morgenstunden die Zusagen. „Vater", sprach Heinrich, sein Ältester, schließlich. „Wenn wir uns nicht verzählt haben, werden es dreißigtausend Gäste sein. Dreimal so viele wie es Mainzer gibt."

„Oh, mein Gott!", schrie Kaiserin Beatrix hysterisch. „Wo sollen wir die nur alle unterbringen? Die Stadt ist viel zu klein für so viele Menschen. Außerdem müssen sie essen und trinken, schlafen und sich waschen. Wie Soldatentruppen werden unsere Gäste die Stadt belagern." „Beatrix, mein Augenstern!", rief da der Kaiser. „Das ist die Lösung! In Zelten sollen sie schlafen, wie unsere Truppen bei einer Belagerung." Dankbar schloss Barbarossa seine geliebte Frau in die Arme.

Schnell ließ er seinen Feldmarschall rufen: „Schickt unsere Soldaten in die Militärlager und beschafft uns so viele Zelte, wie Ihr bekommen könnt",

befahl er ihm. „Dreißigtausend geladene Gäste brauchen ein Dach über dem Kopf, selbst wenn es nur ein Zeltdach ist. Wir bauen für unsere Gäste eine Zeltstadt auf der Wiese am Fluss." Dann rief er nach seinem Zeremonienmeister. „Stellt ausreichend Fanfarenbläser und Gästeführer bereit, damit sie unsere Gäste an den Stadttoren und am Hafen angemessen willkommen heißen und sie zur Zeltstadt geleiten", lautete seine Anordnung.

Die Soldaten fuhren mit Kutschen und Lastkarren in die Militärlager, holten alle verfügbaren Zelte und bauten sie auf der Maaraue an der Mainmündung auf. Die Mainzer staubten ihre Möbel ab, klopften ihre Teppiche aus, lüfteten ihre Bettwäsche und polierten ihre Kerzenhalter. Alles, was an Mobiliar entbehrt werden konnte, wurde zur Maaraue gebracht, damit die Zelte der Gäste gemütlich eingerichtet werden konnten. Für den Ritterschlag hatte man eigens eine offene Kirche aus Holz gebaut. Ganz Mainz wurde blitzblank gewienert und den Häusern ein neuer Anstrich verpasst. Entlang der Hauptstraßen pflanzte man farbenfrohe Blumenbeete. In den Gassen und am Hafen flatterten bunte Girlanden und Fähnchen im Wind.

Kurz vor Pfingsten war es dann soweit. Alles, was im Reiche Rang und Namen hatte, machte sich hoch zu Ross, per Schiff oder in der wappengeschmückten Familienkutsche auf nach Mainz, um bei der feierlichen Zeremonie dabei zu sein, wenn aus den beiden Kaisersöhnen waschechte Ritter würden. In den Zufahrtstraßen entstanden lange Schlangen von Kutschen und Reitern, und auf dem Rhein reihte sich ein Schiff ans andere. Würden all diese Menschen wirklich in die Stadt passen? Doch siehe da, wider Erwarten verlief alles reibungslos, denn sowohl zu Lande als auch zu Wasser verhielten sich alle vorbildlich und bewegten sich langsam und geduldig fort.

„Tätäääää!", schmetterten die Fanfaren ihnen ihren Willkommensgruß entgegen. Die Herolde verkündeten lautstark die Namen der ankommenden Gäste. Dann nahmen die Gästeführer die noblen Herrschaften in Empfang und begleiteten sie in Trüppchen zur bunten Zeltstadt am Fluss. Als die Gäste sahen, wie komfortabel und gemütlich die Mainzer die Zelte eingerichtet hatten, freuten sie sich auf das Camping-Abenteuer beim Kaiser und packten fröhlich ihre Sachen aus.

Als sie am nächsten Morgen erwachten, strahlte die Sonne vom Himmel. Alles war bereit für das große Fest. Wochenlang hatten die Mainzer Köche vorgekocht. Die Bäcker hatten ein Brot nach dem anderen gebacken und die Marktfrauen gigantische Obstkörbe zusammengestellt. Riesige Kessel mit Suppe brodelten über tausend Feuern, unendlich viele Würste lagen zum Grillen bereit, und zahllose Braten drehten sich an Spießen über der Glut. Eine gewaltige Menschenmenge in Festtagskleidern drängelte sich um die Kirche, in der der Ritterschlag stattfinden sollte. Und weil die Kirche keine Wände hatte, konnten die Gäste von allen Seiten dem Ritterschlag zuschauen.

Als der Moment gekommen war, knieten die beiden Söhne des Kaisers vor ihrem Vater nieder und sahen ihn erwartungsvoll an. „Heinrich und Friedrich, meine geliebten Söhne, hiermit schlage ich euch Kraft meines Amtes als Kaiser und als euer stolzer Vater zu Rittern. Von nun an seid ihr volljährig und mündig", sprach seine Majestät, erhob sein Schwert und legte es jedem der beiden Jungen erst auf die linke und dann auf die rechte Schulter. Tosender Jubel brach los. „Ritter Heinrich und Ritter Friedrich, sie leben hoch, hoch, hoch!", rief das begeisterte Publikum immer wieder.

Dann setzte sich die Menge an die unendlich langen Reihen üppig gedeckter Tische. Sie verspeisten ein köstliches Festmahl, lachten über die Späße der Gaukler, bestaunten die Künste des Schlangenbeschwörers und vergnügten sich bei Wein, Tanz und Gesang. Später feuerten sie die mutigen Ritter beim Ritterturnier an, bei dem die Kaisersöhne sich zum ersten Mal im Kampf beweisen konnten. So feierten Tausende von Menschen gemeinsam ein rauschendes Fest, wie es die Welt noch nicht gesehen hatte.

Das Mainzer Hoffest wurde ein voller Erfolg, von dem man sogar heute noch berichtet. Als größtes und prachtvollstes Fest in deutschen Landen ist es in die Geschichte eingegangen. Und Kaiser Barbarossa, der war doppelt stolz: Auf seine beiden ritterlichen Söhne und auf sein einzigartiges kaiserliches Zeltlager.

Das Zeltlager des Kaisers mit seinen mehreren zehntausend Besuchern hat es wirklich gegeben. Sogar heute stehen auf der Maaraue in Mainz-Kostheim noch Zelte. Dort gibt es nämlich auch einen Campingplatz. Und wer weiß? Vielleicht träumen die Camper, die dort in ihren Wohnwagen und Zelten schlafen, nachts sogar vom Ritterschlag oder von Ritterturnieren. Ihr könntet es mal ausprobieren und dort zelten gehen. So, wie die kaiserlichen Gäste es vor langer Zeit taten.

Und fürs Feste feiern ist Mainz berühmt! So wie sich damals die Gäste Barbarossas als bunter Zug durch die Straßen drängten, geht es heute noch beim Karnevalszug der Meenzer Fassenacht zu. Dafür kommen heute sogar Hunderttausende von Menschen nach Mainz.

Spukalarm im Stadtgericht

Unweit vom Mainzer Dom, gleich neben dem Domherrenhaus, stand im Mittelalter das alte Stadtgericht. Ein riesiges, düsteres Gebäude mit hohem Spitzdach, einem großen Gerichtssaal, einem endlosen Treppenhaus und langen, verwinkelten Fluren, in denen sich Unmengen von Amtsstuben aneinanderreihten. Darin saßen Tag für Tag miesepetrige Amtsherren, die einen riesigen Aktenberg verwalteten, in dem alle Prozessschriften über alle Straftaten verwahrt wurden, die es jemals in Mainz gegeben hat: Diebstähle, Betrügereien, Raubüberfälle, Entführungen, ja sogar der ein oder andere Mord war hier schon passiert. Über all diese Verbrechen urteilte der griesgrämige und gefürchtete Richter Rübesam, der noch unbeliebter war als alle seine Amtsherrenkollegen zusammen.

Richter Rübesam hatte einen denkbar schlechten Ruf in Mainz. Er war als Angeber bekannt und galt als unbarmherzig, ungerecht, bestechlich und faul. Wie ein kleiner König stolzierte er in seiner Richterrobe durch die Stadt und schob mit seinem dicken Bauch alle Mainzer beiseite, die ihm in die Quere kamen. „Platz da, hier kommt Richter Rübesam!", donnerte er und drohte den Menschen mit erhobenem Zeigefinger. „Aus dem Weg, ihr Mainzer Dümmlinge, sonst lasse ich euch ins Gefängnis werfen!" Oh nein, Richter Rübesam war durchaus kein freundlicher Mensch, und das wollte er auch gar nicht sein. „Je mehr Angst die Mainzer vor mir haben, desto besser", dachte er zufrieden, wenn die Menschen ihm aus dem Weg sprangen.

Genauso schrecklich wie sein Umgang mit den Mainzern waren seine Urteile. Wer ihm widersprach, der wurde dazu verdonnert, dem Richter die Akten hinterherzutragen, das Stadtgericht von oben bis unten sauber zu putzen oder wurde gleich ins Gefängnis geworfen. Wie die Strafe ausfiel, hing davon ab, ob der werte Herr Richter gute oder schlechte Laune hatte. Viele Menschen wurden von ihm zu Unrecht verurteilt. Und so saßen im

dunklen Gefängnis im Gerichtskeller oft unschuldig Verurteilte, die nicht wussten, ob sie jemals wieder freikommen würden.

Zwei ehrbare Bürger, die der Richter dort unten im Verlies unschuldig eingekerkert hatte, waren Schneidermeister Wibbelstetz und der brave Bauer Wilms. Der fleißige Schneidermeister war ins Gefängnis geworfen worden, weil die neue Robe, die er für den Richter genäht hatte, zu eng war. Dabei war allein der Richter schuld an der Misere, denn der dickbäuchige Rübesam hatte nach der letzten Anprobe viel zu viele Köstlichkeiten in sich hineingestopft und war noch fetter geworden, als er es ohnehin schon gewesen war. Wen wundert es also, dass die Robe ihm nicht mehr passte, als sie dann fertig war? Und nur, weil der eitle Richter Rübesam sich seine Fettleibigkeit nicht eingestehen konnte, musste der arme Schneidermeister Wibbelstetz nun alles ausbaden.

Bauer Wilms wiederum saß im Verlies, weil er anstatt der vom Richter bestellten roten Äpfel grüne geliefert hatte. Dabei konnte der Bauer noch nicht einmal etwas dafür, da er nämlich farbenblind war. Fuchsteufelswild war der Richter geworden und hatte den braven Bauern höchstpersönlich in den Keller gezerrt und mit einem Tritt in den Hintern in die Gefängniszelle befördert. Die Mainzer waren entsetzt über die Ungerechtigkeit des Richters. Das konnten doch wahrhaftig keine Gründe dafür sein, unbescholtene Mainzer Bürger bei Wasser und Brot ins Gefängnis zu stecken und sie zu behandeln, als wären sie schlimme Verbrecher! Schließlich hatten die beiden unschuldig Verhafteten viele Kinder zu ernähren und wurden zu Hause schmerzlich vermisst.

Weil sie ihre Väter sehr lieb hatten und die Hoffnung nicht aufgaben, hielten die Kinder der beiden schon seit Wochen abwechselnd Wache vor dem Stadtgericht, um den Richter in einem günstigen Moment bei guter Laune zu erwischen und die Freilassung ihrer Väter zu erwirken. „Bitte, Herr Richter, habt Erbarmen!", rief Fritz, der älteste Sohn des Bauern, als er zum x-ten Mal an des Richters Amtsstubentür klopfte. „Lasst meinen Vater endlich frei. Er ist unschuldig!"

„Scher dich zum Teufel!", polterte der Richter durch die geschlossene Tür zurück. „Und wenn du nicht endlich Ruhe gibst, kannst du deinem Vater im Kerker Gesellschaft leisten!"

Enttäuscht verließ Fritz das Stadtgericht und blieb ratlos vor dem Eingang stehen. Da hörte er ein verzweifeltes Schluchzen. Ida, die schöne Schneiderstochter, hockte auf der Treppe und weinte herzzerreißend. Sie sah aus wie ein Häufchen Elend. „Jetzt ist mein Vater schon einen ganzen Monat im Gefängnis, dabei hat er doch gar nichts verbrochen!", jammerte sie. „So eine

Ungerechtigkeit! Wie kann der grausame Rübesam uns das nur antun?"

Tröstend legte der junge Fritz seinen Arm um das verzweifelte Mädchen, in das er schon seit seiner Kindheit heimlich verliebt war.

„Beruhige dich, Ida", sprach er sanft. „Es muss einen Weg geben, unsere Väter aus dem Verlies zu befreien. Ich weiß zwar noch nicht wie, aber ich werde mir etwas einfallen lassen. Dem üblen Richter werden wir das Handwerk legen. Das verspreche ich dir!"

Aus rotgeweinten Augen sah die schöne Ida ihn an und nickte. „Ach, Fritz", seufzte sie und begann, wieder leise in ihr Taschentuch zu weinen. „Wie können wir

dieses Schreckgespenst Rübesam, das in der Stadt herumspukt, nur aus unserem schönen Mainz vertreiben?" Traurig lehnte sie ihren Kopf an seine Schulter. Und so saßen die beiden jungen Leute auf der Treppe des Stadtgerichtes und wussten weder ein noch aus.

„Ein Schreckgespenst, das ist er in der Tat", stimmte Fritz ihr zu und strich ihr beruhigend über ihr glänzendes blondes Haar. Da plötzlich kam ihm eine Idee. „Ida, ich hab's!", rief er mit leuchtenden Augen. „Ein Gegenspuk! Wir veranstalten dem Schreckgespenst einen Geisterspuk, der sich gewaschen hat, und jagen dem üblen Rübesam solche Angst ein, dass er sich nie wieder nach Mainz zurücktraut!" Strahlend sah der Bauernsohn die Schneiderstochter an. „Das ist eine grandiose Idee, lieber Fritz", sagte Ida und fiel ihm vor Freude um den Hals. Und so begannen die beiden jungen Leute, den schaurigsten Spukalarm zu planen, den es in Mainz jemals gegeben hat.

Als sie mit ihrem Plan fertig waren, machten sich Fritz und Ida auf den Weg nach Hause, um ihre Brüder und Schwestern einzuweihen, denn für einen ordentlichen Spukalarm brauchte man eine ordentliche Anzahl Gespenster. Ausreichend Geschwister waren auf jeden Fall vorhanden. Ida allein hatte fünf, Fritz sogar sieben. Und alle mussten mitmachen. Sie hatten keine Zeit zu verlieren, denn schon in drei Tagen sollte der Geisterspuk zur Befreiung ihrer Väter starten. Und bis dahin gab es noch viel zu tun.

Am nächsten Morgen trafen sich des Schneidermeisters und des Bauern große Kinderschar heimlich in der Schneiderwerkstatt. Unter Fritz' Anleitung und mit Idas Verkleidungsgeschick verwandelten sich unter Einsatz von Schminke und Kostümen, die Ida aus den vielen Stoffresten ihres Vaters schneiderte, ihre fünf Geschwister in zwei gruselige Geister, ein klappriges Skelett, einen buckligen Zwerg und einen Ritter ohne Kopf. Aus Fritz' sieben Geschwistern wurden drei Teufelchen, eine böse Hexe, zwei wilde Kobolde und ein Troll. Ida und Fritz, die größten in der Gespensterbande, zimmerten sich Stelzen und verkleideten sich als Riesen. Nun blieben ihnen noch zwei Tage Zeit, um gründlich spuken zu üben.

Als sich am entscheidenden Abend die Herbstdunkelheit auf Mainz herabgesenkt hatte, geisterte eine ganze Mannschaft kleiner Gruselgestalten durch die nebligen Gassen. Schnurstracks trippelten sie zum Stadtgericht. Hinter den Fenstern der Richterstube flackerten Kerzenlichter. Richter Rübesam pflegte oft bis spät abends im Gericht zu bleiben. Rastlos lief er in seiner Stube auf und ab und dachte sich immer schlimmere Strafen für seine Gefangenen aus. Dabei lachte er hämisch und rieb sich schadenfroh die Hände.

Kichernd huschten die kleinen Gruselgeister um das Gerichtsgebäude herum. Durch die unverschlossene Hintertür gelangten sie wispernd und flüsternd ins Treppenhaus. Rasch eilten sie die Treppe hinauf ins obere Stockwerk, wo des Richters Amtsstube lag. Leise schwärmten sie aus und versteckten sich hinter Säulen, in Ecken und Nischen. Fritz gab das Kommando „Los geht's!" und klopfte dreimal an die Tür zur Richterstube. „Tock-Tock-Tock", ertönte es laut und vernehmlich. „Herein!", antwortete die erstaunte Stimme des Richters von drinnen. Fritz klopfte abermals „Tock-Tock-Tock". „Herein, habe ich gesagt!", wiederholte der Richter verärgert. „Tock-Tock-Tock", lautete Fritz' geklopfte Antwort. „Seid Ihr taub auf den Ohren?" Rübesam wurde langsam wütend. „Herein jetzt, oder ich lasse dem tauben Tölpel vor meiner Tür zur Strafe die Ohren abschneiden!" Erzürnt schritt er zur Tür und öffnete sie mit einem Ruck. Und dann brach ein Spukalarm los, wie Mainz ihn noch nicht gesehen hatte.

Der dunkle Flur vor seiner Stube war erfüllt von Schreckgestalten, gruseligem Geheul, Gerassel und Gepolter. Ehe der Richter sich versah, wuselten drei böse kichernde Teufelchen unter seinem ausgestreckten Arm in seine Amtsstube, rannten zu den Kerzenleuchtern und bliesen alle Kerzen aus. „Aaah", schrie der Richter auf. Nun lag alles in gespenstischer Dunkelheit. Nur das trübe Mondlicht schien durch den Abendnebel in die Stube hinein und warf die riesenhaft verzerrten Schatten der Teufelchen auf die Bodendielen. „Hilfe, Teufelsspuk!" Mit einem verängstigten Schrei stürzte der Richter auf den Flur hinaus, ohne zu ahnen, dass ihn dort ein noch schlimmeres Spektakel erwartete.

Mit langgezogenem „Buhuuu!" flatterten zwei weiße Gespenster um ihn herum. Schreiend floh Rübesam den Gang entlang, wo ihm ein klappriges Skelett begegnete. „Huäääh!" Zu Tode erschreckt, verbarg sich der Richter in einer Nische, doch da packte ihn ein buckliger Zwerg bei der Hand und zog ihn wieder auf den Flur, wo zwei wilde Kobolde um ihn herumwimmelten. Rübesam lief um sein Leben. Schon glaubte er, ihnen entkommen zu sein, als eine böse Hexe mit einer dicken Warze auf der Nase erschien und einen schauerlichen Fluch über ihn sprach. „In der Hölle sollst du schmoren, du ungerechter Unhold!", keifte sie. Panisch rannte der Richter weiter den Gang entlang. „Buhuuu!", schallte es hinter ihm her. Da tauchte plötzlich hinter einer Säule ein unheimlicher Troll auf. „Wir sind die Strafe für deine ungerechten Urteile!", zischte er furchteinflößend. Schreiend lief Rübesam weiter. Verfolgt von der gesamten Geisterhorde, sprintete der rastlose Richter zum Treppenhaus. „Rübesam, wir kriegen dich!", riefen die Gespenster hinter ihm her. „Solange du in dieser Stadt bist, werden wir niemals Ruhe geben. Jeden Abend besuchen wir dich. Du entkommst uns nimmermehr. Buhuuu!"

Völlig außer Atem erreichte Rübesam das Treppenhaus, wo ein Ritter ihn erwartete, der seinen Kopf unter dem Arm trug. Und als der atemlose Richter an der schaurigen Gestalt vorbeistürzte, fing der Kopf unter dem Arm auch noch zu sprechen an: „Verschwinde aus der Stadt, wenn dir dein Leben lieb ist, du Fiesling!", knurrte er. Mit lautem Angstgeheul stolperte der Richter die Treppen hinunter und durch die Eingangstür in die dunkle Nacht hinaus. Zum Stadttor wollte er, diese unselige Stadt mit ihrem Geisterspuk endlich hinter sich lassen. Vorsichtig lugte er hinter sich, ob er dem Spukalarm entkommen war. Da sah er zwei riesenhafte Ungetüme, die ihm hinterherstaksten und ihm dicht auf den Fersen waren. „Fort mit dir, Rübesam!", grollten sie. „Trau dich nie wieder in diese Stadt zurück, sonst wird es dir so übel ergehen wie den Gefangenen in deinem Verlies!"

„Aaaaah!", schrie der fette Richter und setzte keuchend zum Endspurt an. So schnell seine Füße ihn trugen, hetzte er zum Stadttor hinaus, rannte weiter und weiter und weiter, bis er den sicheren Waldrand erreicht hatte.

Die Geisterbande indes führte vor dem Stadtgericht einen Freudentanz auf. Als Ida und Fritz von ihren Stelzen abgesprungen und wieder am Gerichtsgebäude angekommen waren, stieg die gesamte Gespensterschar hinab in den dunklen Gerichtskeller. Sie nahmen den Schlüsselbund vom Haken und befreiten ihre Väter aus dem düsteren Verlies. Bauer Wilms und Schneidermeister Wibbelstetz fuhr ein ordentlicher Schreck in die Knochen angesichts der Gruselgespenster, die ihnen da so plötzlich die Freiheit schenkten. Doch umso größer war ihre Freude, als sie unter den Kostümen ihre Kinder erkannten. Fröhlich singend machten sie sich gemeinsam auf den Weg nach Hause zu ihren Müttern. Und am Schluss des Triumphzuges gingen Fritz und Ida überglücklich Hand in Hand und schworen einander, sich von nun an nicht mehr loszulassen.

So wurde dem ungerechten Richter Rübesam der Garaus gemacht und aus Ida und Fritz ein Liebespaar. Sie heirateten und bekamen viele Kinder, denen sie oft die Geschichte vom Mainzer Spukalarm erzählten. Noch viele Jahre lang soll draußen vor den Toren der Stadt, tief im Wald, ein verrückter Landstreicher gehaust haben, der schreiend durchs Unterholz lief und sich von Geistern verfolgt glaubte.

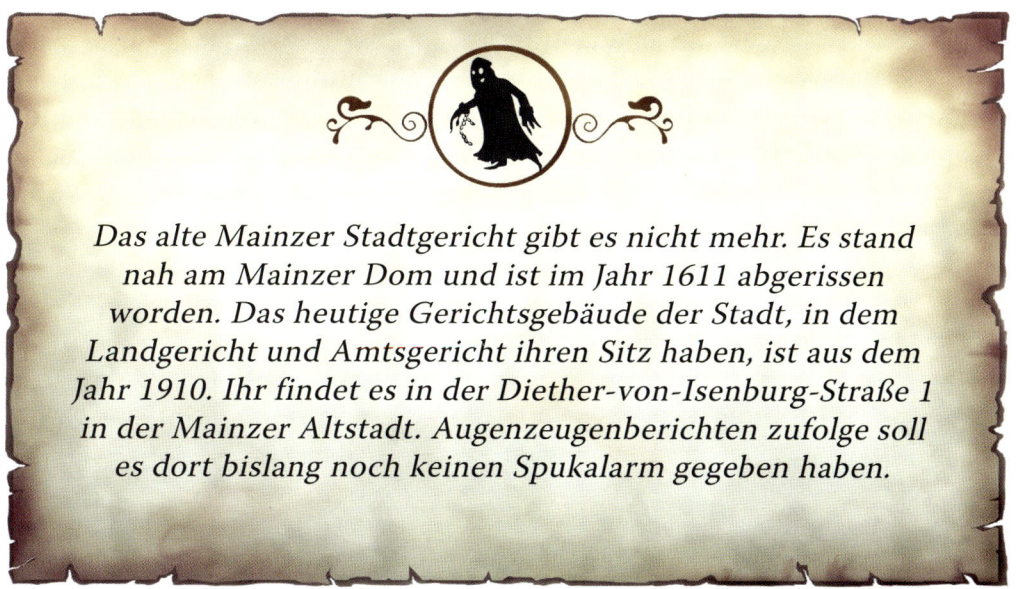

Das alte Mainzer Stadtgericht gibt es nicht mehr. Es stand nah am Mainzer Dom und ist im Jahr 1611 abgerissen worden. Das heutige Gerichtsgebäude der Stadt, in dem Landgericht und Amtsgericht ihren Sitz haben, ist aus dem Jahr 1910. Ihr findet es in der Diether-von-Isenburg-Straße 1 in der Mainzer Altstadt. Augenzeugenberichten zufolge soll es dort bislang noch keinen Spukalarm gegeben haben.

Eselsmünzen

Sankt Alban – so hieß eine ganz alte Klosterkirche in Mainz. Majestätisch thronte sie hoch droben auf dem Albansberg. Man erzählt sich, dass sie von außergewöhnlicher Größe war und wunderschön anzusehen. Es gab sie schon viele Jahre, bevor man überhaupt anfing, den Mainzer Dom zu bauen. Die Mönche, die im dazugehörigen Kloster lebten, waren ungeheuer stolz, dass sie in diesem schönen alten Gemäuer wohnen und arbeiten durften. Denn das durften nur ganz besondere Mönche, die aus Ritterfamilien stammten. Das Kloster St. Alban war nämlich das Kloster eines Ritterordens.

Der Klostervorsteher war Probst Pfinzig. Melchior – so hieß er mit Vornamen, wie einer der Heiligen Drei Könige. Ein pfiffiger Mann, das musste man ihm lassen, der nichts unversucht ließ, den Ruf seines Klosters im ganzen Land bekannt zu machen. Er hatte unzählige gute Ideen und verwaltete die Reichtümer und Ländereien des Klosters sehr geschickt, wie auch die Waren, die im Kloster hergestellt wurden. Ertragreiche Felder, Seen und Flüsse voller Fische sowie zahlreiche Gutshöfe gehörten zu St. Alban, und man konnte mit Fug und Recht sagen, dass es ein reiches Kloster war. Es war berühmt für seine Schriftstücke und hatte eine große Schreibstube, in der die fleißigen Albansbrüder eine Handschrift nach der anderen anfertigten – allesamt prächtige Kunstwerke. Außerdem wurden im Kloster viele andere tolle Sachen hergestellt, die die Mönche in der ganzen Gegend verkauften.

So zogen die Mönchskollegen von Probst Pfinzig mit Waren aller Art von Markt zu Markt, von Ritterburg zu Ritterburg und von Bauernhof zu Bauernhof. Honig, Wein, Käse, Brot, Marmelade und Likör hatten sie im Angebot. Nicht zu vergessen die berühmte Eselsmilch – ihr begehrtestes Produkt. Denn die Eselsmilch von St. Alban, so sagte man damals, wirkte

wahre Wunder und konnte alle möglichen Hautkrankheiten heilen. Darüber hinaus sollte so ein Bad in Eselsmilch auch ungeheuer fröhlich machen, wie man hörte. Obwohl die Eselsmilch von St. Alban sehr teuer war, verkauften die Mönche sie wie warme Semmeln.

Wegen der begehrten Eselsmilch hielt Probst Pfinzig im Kloster einen ganzen Stall voller kleiner, grauer Esel. Die Eselinnen gaben die Milch, und die Esel trugen seine Mönche und Waren brav von Ort zu Ort.

„I-ah", schallte es Tag für Tag aus dem Eselsstall. „I-ah, I-ah, I-ah". Jeder, der des Weges kam, hörte die Esel von St. Alban schon von Weitem. Niemand in der Stadt konnte sich St. Alban ohne seine Esel vorstellen. Und weil die Esel eben zu St. Alban, und St. Alban eben zu den Eseln gehörte, wurden sie zum Wahrzeichen des berühmten Mainzer Klosters.

Passenderweise trugen alle Esel einen Namen mit E. Da waren die Eselsdamen Elsa, Elfriede, Erika, Edith und Evelyn und die Eselsherren Emil, Engelbert, Eduard, Ernesto und Erich. Lange hatte es gedauert bis Probst Pfinzig sich all die Namen ausgedacht hatte, aber er war nun einmal ein pingeliger Probst. Und mit den Eseln, da nahm Probst Pfinzig es ganz genau, denn schließlich waren sie ihr Wahrzeichen.

Eines Abends kamen die Mönche von einer Verkaufsreise aus dem Rheingau zurück. Doch wirkten sie gar nicht so müde wie sonst. Ganz im Gegenteil. Schnell wie der Wind trappelten sie auf ihren Eseln in den Hof. Ihre Gesichter leuchteten rot vor Aufregung. „Probst Pfinzig, Probst Pfinzig, schaut her, was wir eingenommen haben!", riefen sie und zeigten ihrem Klostervorsteher einen prall gefüllten Geldsack, den sie ohne viel Federlesen direkt vor seinen Füßen ausschütteten. Laut klimperten die Geldmünzen auf den Steinboden und rollten in alle Ecken davon. Silbern und golden glänzten sie in der Abendsonne. Doch halt! Moment, da war doch etwas? Hatte Probst Pfinzig richtig gesehen? Schnell bückte er sich und klaubte eine der Münzen auf, hielt sie zwischen Daumen und Zeigefinger, drehte sie hin und her und besah sie sich von beiden Seiten ganz genau.

„Beim Barte des Heiligen Alban!", entfuhr ihm ein wütender Ruf. „Das darf doch wohl nicht wahr sein!" Probst Pfinzig war entsetzt. „Das ist doch der Mainzer Dom auf der Münze. Jetzt sagt mir nicht, der Martinsdom hat vom Kaiser das Münzrecht verliehen bekommen, und sie dürfen dort ihre eigenen Münzen prägen. Welch himmelschreiende Ungerechtigkeit!", ereiferte sich der polternde Probst.

„Noch niemals haben wir in unserem Kloster Münzen prägen dürfen. Nicht einen einzigen lumpigen Gulden! Dabei ist St. Alban viel älter als der Mainzer Dom." Probst Pfinzig sprang fast aus seiner Kutte vor Zorn. Die Mönche nickten zustimmend. Prompt hatte der Probst einen Entschluss gefasst. „Gleich morgen reise ich zum kaiserlichen Hof und spreche beim Kaiser Maximilian persönlich vor. Das, liebe Albansbrüder, lassen wir uns nicht gefallen. Auch wir werden eigene Münzen prägen, so wahr ich Melchior Pfinzig heiße. Ihr werdet schon sehen!" Wutschnaubend rauschte er davon.

Am nächsten Morgen machte Probst Pfinzig sich in Begleitung zweier Esel in aller Herrgottsfrühe auf den Weg. Esel Erich trug den Probst und Eselin Evelyn den Proviant für unterwegs und die Geschenke. Eine Flasche Eselsmilch für den Kaiser und eine weitere für seine Gattin. Beschwerlich war die Reise. Es ging schnurstracks in Richtung Süden. Sie kamen an malerischen Seen vorbei, durchritten finstere Wälder und trappelten weiter durch die Berge, bis sie schließlich beim kaiserlichen Schloss angekommen waren.

„Wer wagt es, mich unangemeldet am Hofe zu stören?" Der Kaiser schien nicht gerade begeistert über den überraschenden Besuch. „Verzeihung, Eure Majestät!" Probst Pfinzig machte einen Kniefall vor dem Kaiser und überreichte ihm ehrerbietig seine Geschenke. „Ich bin Probst Pfinzig aus dem Kloster St. Alban in Mainz", stellte er sich vor. „Eine dringende Angelegenheit in meiner Heimatstadt ließ mich mit meinen Eseln zu Euch reiten. Da der Mainzer Dom unlängst das Münzrecht verliehen bekam, möchte ich für das altehrwürdige Kloster St. Alban, das um einiges älter ist als der Martinsdom, das Recht erwirken, eigene Albansgulden zu prägen."

Überrascht zog der Kaiser seine Augenbrauen hoch. „Und das ist so dringend, dass Ihr meine Mittagsruhe stört?", fragte er ungläubig. „Nur deswegen seid Ihr extra auf einem Esel hergeritten? Den ganzen langen Weg von Mainz? Unglaublich!" Seine Majestät grinste amüsiert. „Und was soll das überhaupt für ein komisches Geld sein, das Ihr da prägen wollt?" Er begann zu kichern. „Albansgulden, dass ich nicht lache, hihihi!"

Maximilian schlug sich vor Vergnügen auf die Schenkel und winkte dann ab. „So, und nun lasst mich mit diesem Unsinn in Frieden. Geht mir aus den Augen und zurück zu Euren Eseln. Und wenn Ihr unbedingt Geld münzen wollt, könnt Ihr meinetwegen Eure zotteligen und trotteligen Esel münzen!" Der Kaiser brach in lautes Gelächter aus. Probst Pfinzig konnte es kaum glauben, aber so war es. Der Kaiser lachte ihn aus und warf ihn hinaus.

Enttäuscht ging der Probst zurück zu seinen Eseln, setzte sich auf Erichs Rücken, und sie traten den Rückweg an. Vor sich hin grummelnd ritt er durch die schöne Berglandschaft und musste immer wieder an die Worte des Kaisers denken. „Meinetwegen könnt Ihr Eure zotteligen und trotteligen Esel münzen..." Probst Pfinzig ärgerte sich gehörig über die verächtlichen Worte des Kaisers. Mehr noch, er war stinksauer! „Eure Esel münzen..." So eine Unverschämtheit!

Da plötzlich hatte er einen Geistesblitz. „Eselsmünzen! Genau das ist es! Das ist die Lösung. Juhuuu!", rief er laut. „Juhuuu!", warfen die Berge sein Echo zurück. „Lauft, meine Eselchen", trieb er Erich und Evelyn an. „Wir müssen schnell nach Mainz zurück und unsere Albansgulden prägen. Der werte Herr Kaiser wird sich noch wundern!" Angesichts des unerwarteten Jubels fielen die Esel in einen fröhlichen Eselsgalopp und trugen den jauchzenden Probst zurück nach Mainz, so schnell ihre Eselsbeine sie trugen.

Zu Hause angekommen, rief er die Albansbrüder zusammen. „Liebe Brüder", sprach er und lächelte schelmisch. „Ich habe euch eine Mitteilung zu machen. Der edle Kaiser Maximilian hat uns das Münzrecht erteilt." Als sie das hörten, freuten sich die Mönche sehr und klatschten Beifall. „Doch nur unter einer Bedingung", fuhr Probst Pfinzig fort. „Eselsmünzen müssen es sein."

„Eselsmünzen???" Verwirrt sahen die Brüder einander an. Großes Gemurmel setzte ein. „Aber wir wollten doch Albansgulden prägen und keine Eselsmünzen", gab einer von ihnen schließlich zu bedenken. „Macht doch nichts", antwortete der Probst. „So eine Münze hat doch zwei Seiten. Auf die eine Seite prägen wir einen Esel und auf die andere unseren Heiligen Alban." Triumphierend schaute er seine Kollegen an.

Und so geschah es. Der begabteste Zeichner unter den Brüdern entwarf ein schönes Bild vom Heiligen Alban und ein weiteres vom galoppierenden Esel Erich als Vorlage für die Geldmünze. Und dann ließen die Brüder ihre eigenen Münzen prägen. Sie platzten fast vor Stolz, als sie den ersten glänzenden Albansgulden in den Händen hielten.

So kamen im Reiche die Albansgulden in Umlauf und eines Tages auch dem Kaiser unter die Augen, der fast einen Wutanfall bekam. Doch als er die Münze mit dem Abbild des Heiligen Alban umdrehte und auf der Rückseite einen zotteligen Esel erkannte, bekam er stattdessen einen solchen Lachanfall, dass er sich einen ganzen Nachmittag lang nicht mehr davon erholte. „I-aah Eselsmünzen!", rief er immer wieder laut durch sein Schloss und lachte sich kaputt. Der schlaue Probst Pfinzig vom Kloster St. Alban in Mainz hatte den Kaiser lediglich beim Wort genommen und ihn damit gleichzeitig kolossal überlistet.

Im Jahr 1518 erteilte Kaiser Maximilian I. dem Kloster St. Alban das Recht, die Albansgulden zu prägen. Das Kloster St. Alban gibt es schon lange nicht mehr. Es wurde 1552 zerstört. Dennoch gibt es in Mainz noch einiges, was an den berühmten Heiligen Alban erinnert, der der Legende nach in Mainz enthauptet wurde und deswegen auf Bildern immer seinen Kopf unter dem Arm trägt.

,Auf dem Albansberg' heißt heute noch eine Straße in Mainz Weisenau. Dort findet ihr auch die Albanusstraße sowie die Kirche St. Alban und St. Jakobus. Es gibt auch einen Chor, der nach dem Heiligen benannt ist, die Kantorei St. Alban. Sogar die Albansgulden aus unserer Geschichte kann man heute immer noch als antike Münzen in Münzhandlungen bekommen.

Die schlaue Bäckerjahnin

I n Mainz lebte einst eine Bäckerin. Sie hieß Käthe Jahn, und ihr gehörte die beliebteste Bäckerei in der Stadt. Die leckersten Brote, Wecken und Teilchen lagen in ihrem Schaufenster. In ihrer Konditorei, die gleich neben der Backstube lag, traf sich die feine Gesellschaft. Denn bei der Bäckerjahnin, wie die Mainzer sie nannten, gab es die besten Kuchen und Torten von ganz Mainz.

Der Mann der Bäckerjahnin war schon vor vielen Jahren gestorben, und Kinder hatte sie keine. Also war sie auf sich selbst angewiesen. Nur Minka, eine kleine, schwarz-weiß gefleckte Katze, war ihre ständige Begleiterin und half der Bäckerin, die Mäuse aus der Backstube fernzuhalten. Die kleine Minka gab ihr Bestes bei der Mäusejagd, wie Käthe Jahn es auch beim Backen tat. So waren die beiden ein ideales Gespann, und die Backstube der Bäckerjahnin war so sauber und ordentlich wie keine andere.

Tag für Tag backte die fleißige Bäckerjahnin die feinsten Mainzer Backspezialitäten, und ihr Geschäft lief gut, denn Brot und Kuchen wollten die Menschen immer essen. Ganz besonderer Beliebtheit aber erfreute sich ihre Mainzer Käsetorte. Die backte Käthe wie niemand sonst in der Stadt. Alle Mainzer liebten diese Köstlichkeit und kamen deswegen immer wieder in ihre Konditorei. So war Käthe Jahn im Laufe der Jahre zu einer reichen Frau geworden und ihre Mainzer Käsetorte zu einer Berühmtheit.

Da sie von früh bis spät in der Backstube stand und immer genug zu essen im Hause hatte, kam sie gar nicht dazu, das ganze Geld auszugeben, was sie verdiente. Also sparte sie es. Unter ihrem Bett im Schlafzimmer war ihr Geheimversteck. Nur sie allein wusste davon. Es gab da eine lose Planke im Holzboden, und darunter versteckte Käthe die klimpernden Silbermünzen, die sie tagsüber eingenommen hatte, in einem selbstgestrickten Sparstrumpf.

Ein kleines Vermögen lag in ihrem Schlafzimmerboden versteckt, und kein Mainzer ahnte etwas davon.

Zu jener Zeit tobte schon seit vielen Jahren ein Krieg durch das Land, der ganze dreißig Jahre andauerte und deswegen bis heute der Dreißigjährige Krieg genannt wird. Zum Glück war Mainz daran bislang unbeteiligt gewesen. Die Bewohner der Stadt hofften inständig, dass sie vom Krieg verschont bleiben würden. Aber da hatten sie sich geirrt.

Eines Tages kurz vor Weihnachten rückten die Feinde an. Schwedische Truppen belagerten die Stadt. Die Mainzer hatten schreckliche Angst vor einem Angriff, und viele Bürger flohen aus ihrer Heimat. Der Mainzer Stadtrat zahlte den Schweden viel Geld, um die Stadt freizukaufen, und die Mainzer wollten sich freiwillig ergeben. Doch überall erzählte man sich, Gustav Adolf, der König von Schweden, habe seinen Soldaten erlaubt, Mainz trotzdem anzugreifen und sich einfach alles zu nehmen, was sie haben wollten. Die Neuigkeit von der bevorstehenden Plünderung verbreitete sich wie ein Lauffeuer. „Versteckt euer Hab und Gut, sonst nehmen die Schweden es euch weg! Nichts ist sicher vor ihnen", warnte der Nachtwächter die Mainzer bei seiner allabendlichen Runde.

In den nächsten Tagen herrschte heller Aufruhr in der Stadt, und in den Nächten taten die Mainzer kein Auge mehr zu. Sie mussten unbedingt ihre wertvollsten Besitztümer in Sicherheit bringen. Manche verbuddelten ihren Schmuck und ihr gutes Porzellan in ihren Gärten oder versenkten es in ihren Brunnen im Hof. Andere suchten sich geheime Stellen auf den Bleichwiesen, um ihr Gespartes im Boden zu vergraben, versteckten es in verlassenen Vogelnestern in den Bäumen oder unter dem Stroh in der Scheune. Alle überlegten sich, wie sie den Schweden vorgaukeln konnten, dass sie arm waren wie Kirchenmäuse und dass bei ihnen nichts zu holen sei.

Von allen Mainzern aber hatte die Bäckerjahnin sich den besten Trick ausgedacht, um die schwedischen Soldaten zu überlisten. Aus der Vorratskammer ihrer Backstube holte sie die leeren, alten Mehlsäcke, aus denen sie

immer Putzlappen machte. Dann nahm sie ihr Nähzeug, lief hoch in ihr Schlafzimmer und zog ihren langen und prall gefüllten Sparstrumpf unter der Holzplanke hervor. Voller Eifer machte sie sich ans Werk, schnitt die Mehlsäcke auseinander und nähte sich ein Lumpenkleid daraus, in dessen Futter sie in vielen Stunden Arbeit jede Silbermünze einzeln einnähte, damit sie nicht klimperten. Als sie fertig war, schleppte sie das höllisch schwere Kleid runter in die Backstube, beschmierte es ordentlich mit Ruß aus ihrem Kamin, und fertig war ihr Bettlerinnengewand. „Das werde ich anziehen, wenn die Schweden kommen", dachte Käthe zufrieden, als sie das wertvolle Lumpenkleid wieder in ihr Bodenversteck im Schlafzimmer schob.

„Nun muss ich sie nur noch irgendwie vom Plündern ablenken", überlegte sie. Nachdenklich ließ sie ihren Blick durch die Bäckerei schweifen. „Ich hab's!", rief sie plötzlich so laut, dass Minka maunzend von der Fensterbank hochschreckte. „Die Soldaten sind bestimmt ausgehungert vom Krieg. Ich werde ihnen einen feinen Köder auslegen, damit sie gar nicht erst auf die

Idee kommen zu plündern", dachte sie und verschwand mit einem verschmitzten Lächeln in ihrer Backstube.

Dort werkelte sie zwei Tage und zwei Nächte lang ununterbrochen vor sich hin und backte alles, was ihr Backbuch hergab, in allen vier Öfen ihrer Backstube gleichzeitig. So viel, wie sie noch nie in ihrem Leben gebacken hatte. Berge von Streuselkuchen, Mandelschnitten, Nussecken, Apfeltaschen, Rosinenschnecken, Nougatbrezeln, Kreppeln, Milchhörnchen, Schokoladenkeksen und Zitronenbaisers türmten sich auf Tischen, Schränken und Regalen. Die verlockendsten Köstlichkeiten stellte sie ins Schaufenster. Der Rest kam auf die Theke, stand überall verteilt im Laden und in der Backstube. Als sie nach getaner Arbeit ihre Konditorei betrat, sah es dort aus wie im Mainzer Käsetortenparadies. Unzählige Käsetorten standen auf den Tischen. Es war ein hartes Stück Arbeit gewesen. „Das reicht, um eine ganze Kompanie satt zu bekommen!", dachte Käthe zufrieden und gähnte.

Hundemüde war sie nach all der Anstrengung, aber für ein Nickerchen blieb keine Zeit. Schnell eilte sie ins Schlafzimmer, holte das schwere Lumpenkleid unter der Planke hervor und zog es an. Dann warf sie sich ein löchriges Wolltuch gegen die Winterkälte über, packte die kleine Minka und schleppte sich stöhnend unter dem schweren Gewicht des Kleides zum Gauturm. Trotz der Kälte schwitzte sie vor Anstrengung und humpelte gebückt von der Last, aber mutig wie eine Löwin den Schweden entgegen.

Kurz vor Tagesanbruch erreichte die Bäckerjahnin wankend und schwankend das Gautor. Sie war am Ende ihrer Kräfte und schaffte es gerade noch bis zur großen Eiche an der Weggabelung vor der Stadt. Völlig erschöpft ließ sie sich hinter dem Baum nieder und fiel auf der Stelle in tiefen Schlaf. Die kleine Minka kuschelte sich schnurrend an sie und wärmte sie, so gut sie konnte.

Doch Käthes Schlaf sollte nicht von großer Dauer sein. Lautes Hufgetrappel ließ sie plötzlich aufschrecken. „Die Schweden kommen!", dachte sie alarmiert. Ächzend kniete sie sich am Wegesrand hin. Mit der linken Hand

hielt sie Minka fest an sich gedrückt, während sie die rechte um Almosen bettelnd nach vorne streckte. Und schon sah sie die ersten Reitersoldaten in ihren blau-gelben Uniformen herannahen, angeführt von einem General mit Federhut auf dem Kopf und Säbel am Gürtel. Käthe zitterte vor Angst, als das Regiment vor ihr zum Stehen kam.

„Kompanie stillgestanden!", schrie der General auf Schwedisch, und seine Soldaten zogen die Zügel ihrer Pferde an. „Brrrr!" Dann holten auch die Fußtruppen auf und reihten sich hinter den berittenen Soldaten ein. „Wer seid ihr, altes Mütterchen?", sprach der General mit starkem Akzent. Argwöhnisch starrten die Soldaten die zerlumpte Bäckerjahnin an, als wäre sie ein Einhorn. Käthe starrte zurück und betete insgeheim, dass niemand merkte, wie sehr sie unter dem Gewicht ihres Lumpenkleides ins Schwanken geriet. „Bitte, bitte erbarmt euch, ihr schwedischen Herren", bettelte sie mit zittrigem Stimmchen und kämpfte dabei mit dem Gleichgewicht. „Gebt einer armen Bettlerin ein Almosen in diesen schweren Zeiten."

„Los Männer, gebt der armen Alten, was ihr erübrigen könnt", befahl der General seinen Soldaten. „Sogar im goldenen Mainz gibt es Bettler. Ganz schwindlig ist dem Lumpenweib vor Hunger. Macht euch also keine Illusionen. In dieser Stadt wird nicht viel zu holen sein." Mitleidig schnippte er der Bäckerjahnin einen glänzenden Kupferpfennig zu. „Kompanie Marsch!", rief er laut, und im Gleichschritt marschierte das schwedische Regiment in die Stadt ein. Viele der schwedischen Soldaten, die an Käthe vorbeimarschierten, warfen ihr Münzen entgegen, die Käthe dankbar vom Boden aufklaubte und in den Taschen ihres Kleides verstaute.

Mit noch mehr Münzgewicht am Kleid setzte die Bäckerjahnin sich schließlich erschöpft nieder und lehnte sich an den Stamm der alten Eiche. „Puuuh, das ist gerade nochmal gut gegangen!", seufzte sie. Erleichtert rollten Käthe und Kätzchen sich auf dem löchrigen Wolltuch zusammen und schliefen einen ganzen Tag und eine ganze Nacht lang durch, ohne noch einmal von den Schweden gestört zu werden.

Die hatten nämlich zu tun. Nachdem die schwedischen Truppen in das schlafende Mainz einmarschiert waren, stürmten sie die Häuser auf der Suche nach Wertgegenständen, fanden aber nur verschlafene Mainzer und viel weniger Beute, als sie sich eigentlich erhofft hatten. Der eine erbeutete einen verstaubten Kronleuchter, der andere ein paar Silberlöffel, ein Betttuch aus Leinen oder ein paar kümmerliche Taler. Sie konnten sich keinen Reim darauf machen und suchten vergeblich. Wo waren nur all die versprochenen Schätze hin?

Enttäuscht und hungrig schlurften die Schweden durch die Rheinstraße. Doch als sie am Schaufenster der Bäckerjahnin vorbeikamen, trauten sie ihren Augen nicht. In der Auslage leuchtete ihnen eine Beute entgegen, wie sie köstlicher nicht sein konnte. Die verlockenden Süßspeisen ließen ihnen das Wasser im Munde zusammenlaufen. Tagelang hatten sie nichts Richtiges mehr zu essen bekommen. Hungrig brachen sie die Tür auf, stürmten die Bäckerei und stürzten sich gierig auf die in Unmengen aufgehäuften Backspezialitäten. Schmatzend und rülpsend fraß sich die schwedische Kompanie durch Bäckerladen, Backstube und Konditorei, wo sie die Mainzer Käsetorten als Nachtisch verschlangen.

„Hmmmh, lecker!", grunzten sie zufrieden, als sie nach dem opulenten Mahl fett und vollgefressen wie Walrosse zwischen den Krümeln saßen. Vor lauter Glückseligkeit hatten sie ihren Beutezug völlig vergessen. Müde traten sie den Rückzug an und bezogen Quartier im Rathaus.

Als Käthe und Minka nach ihrem langen Schlaf erwachten, fühlten sie sich frisch und erholt. Die Bäckerjahnin zog sich am Baumstamm hoch und wanderte strammen Schrittes und ungeachtet ihres schwergewichtigen Kleides zurück zu ihrer Bäckerei. Oh weh! Dort herrschte ein großes Chaos: Die Tür war aufgebrochen, die Möbel waren umgestoßen, und alles war übersät mit Krümeln und Sahneklecksen. „Sieht aus wie nach einer Tortenschlacht!", dachte Käthe und stieg entschlossen über das heillose Durcheinander.

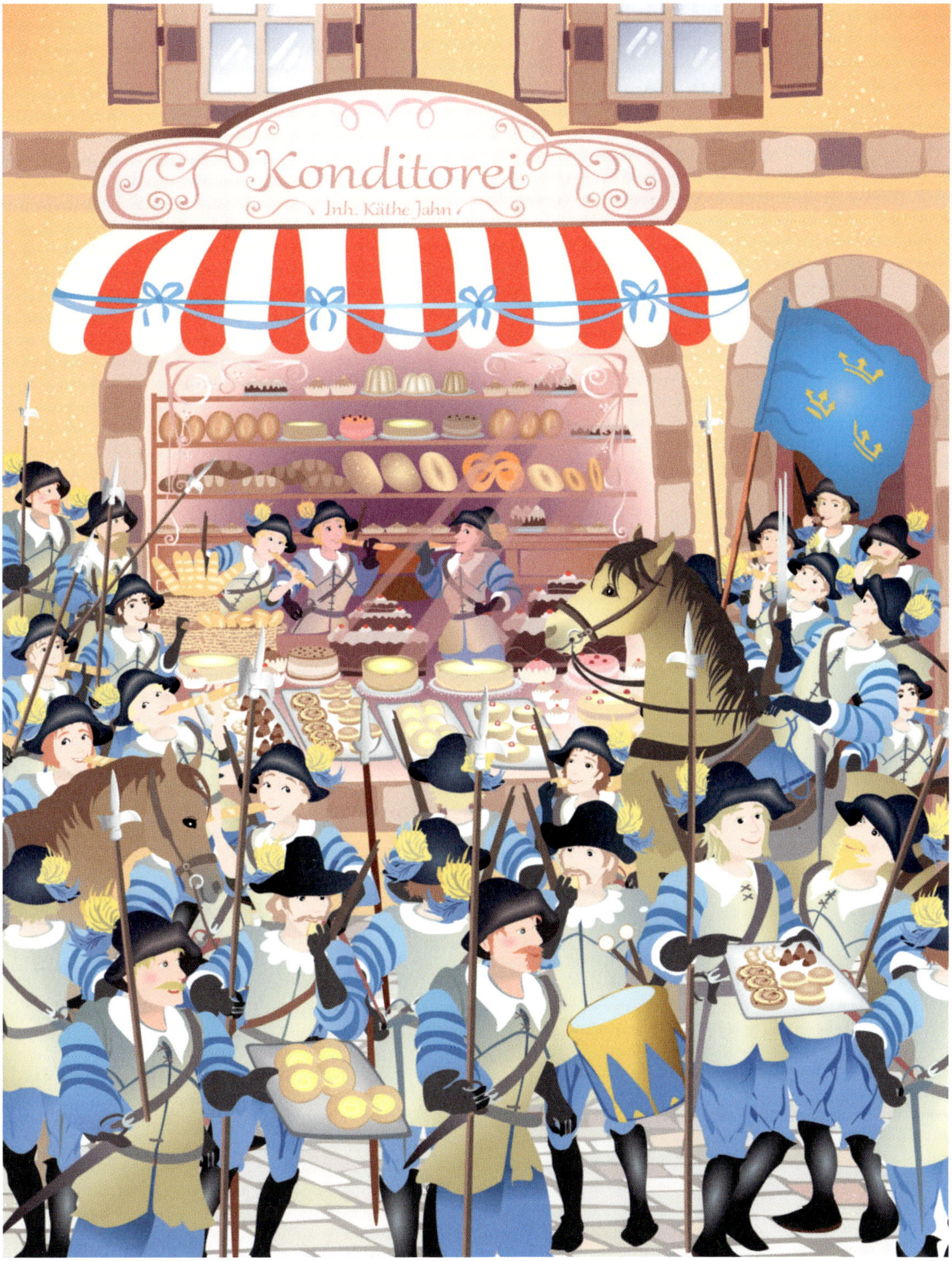
Konditorei
Inh. Käthe Jahn

Nachdem sie im Schlafzimmer das schwere Kleid gegen ein leichteres getauscht hatte und ihr Erspartes wieder sicher im Versteck lag, fegte sie das Chaos zur Tür hinaus, stellte Tische und Stühle wieder auf und putzte und wienerte ihr Geschäft, bis alles wieder blitzblank war. Dann machte sie sich auf zum Schreiner und bestellte eine neue Tür.

Mit dem Geld, das die Schweden ihr als Almosen zugeworfen hatten, machte Käthe einen Großeinkauf und gab ein rauschendes Fest. Alle Mainzer waren eingeladen und gratulierten ihr zu ihrem gelungenen Schwedenstreich. So hatte die schlaue Bäckerjahnin als Bettlerin verkleidet ein ganzes Regiment überlistet und ihren hart erarbeiteten Besitz vor der Plünderung bewahrt.

An Weihnachten 1631 wurde Mainz von schwedischen Truppen besetzt, und sie sollten erst 1635 wieder abziehen. Obwohl die Mainzer sich mit viel Geld von Plünderung und Brandschatzung freigekauft hatten, ließ der schwedische König in dieser Zeit viele wertvolle Bücher, Gemälde und Kunstgegenstände aus Mainzer Bibliotheken und Sammlungen nach Schweden schaffen. Erst im Jahr 1648 war der Dreißigjährige Krieg vorbei.

Der Gauturm, den in Mainz jeder kennt, hieß im Mittelalter Gaupforte und war der wichtigste Zugang zur Stadt. Wo heute nur noch der Torbogen steht, gab es früher eine richtige Festungsanlage mit drei Toren und Türmen.

Hexenritt durch die Mitternachtsgasse

Endlich Walpurgisnacht! Wie jedes Jahr machten sich die Mainzer Hexendamen bereit für ihre Reise zum magischen Blocksberg, um das große Hexenfest zu Ehren der Göttin Walpurgis zu feiern. Kichernd hängten sie ihre Prachtgewänder zum Lüften auf die Veranda, entstaubten und polierten ihre Besen, beulten ihre Hexenhüte aus und kämmten ihren zeternden Tieren die Läuse aus dem Fell, denn schließlich wollte man beim größten Fest des Jahres einen guten Eindruck machen.

Das wichtigste Ereignis der Hexenzunft galt es auf keinen Fall zu verpassen. Antike Hexenbücher, die neuesten Zauberstäbe, die schnellsten Hexenbesen, Verdammniskräuter und glitzernden Flugstaub gab es dort zu kaufen. Von dem köstlichen Krötenzungeneintopf und dem feinen Schlangenhautlikör ganz zu schweigen. Und dann der wilde Hexentanz rund um das lodernde Hexenfeuer. Keine von ihnen wollte sich das entgehen lassen. Es war die Hexenparty des Jahres!

Die meisten Damen der Mainzer Hexengilde lebten gar nicht direkt in der Stadt, sondern in den kleinen Dörfern und Wäldern rund um Mainz. Treffpunkt zum gemeinsamen Abflug war alljährlich der Mainzer Domplatz, und zwar in der letzten Aprilnacht. Von dort aus startete um Punkt Mitternacht ihr gemeinsamer Ritt zum Blocksberg. Wie eine Armada flogen die Damen jedes Jahr zusammen durch die Luft bis in den Harz.

Die Hexenzwillinge Alrauna und Jolanda waren so aufgeregt wie noch nie in ihrem ganzen Hexenleben. Zum ersten Mal sollten sie mitreiten dürfen zur Walpurgisnacht. Doch das war ein großes Geheimnis, denn eigentlich waren sie noch zu jung für das wilde Hexenspektakel. Volljährig musste eine Hexe sein, wenn sie mitfeiern wollte, das hieß, mindestens 500 Hexenjahre auf dem Buckel haben. Und ihren 500. Geburtstag, den würden die beiden

erst im nächsten Jahr feiern. Noch waren sie erst 499 Jahre alt, doch das durften die anderen Hexen auf keinen Fall merken.

Ob eine Hexe volljährig war, erkannte man daran, dass ab dem 500. Hexenjahr die Spitzen der Hexenhüte automatisch zu leuchten begannen. Erst wenn die Hutspitze leuchtete, durfte eine Hexe bei der Walpurgisnacht dabei sein und beim Hexentanz mittanzen. Trotzdem hatte ihre Tante Xenia, eine Berghexe alter Schule, die kein Wagnis scheute, den Hexenzwillingen hoch und heilig versprochen, dass sie schon in diesem Jahr mitkommen durften. Sie hatte sie einfach als volljährige Hexen angemeldet und wollte sie so bei der Walpurgisnacht einschmuggeln. „Und auf euren Hutspitzen, da zündet ihr einfach eine Kerze an, damit sie leuchten. Das haben wir früher auch so gemacht", riet sie den Schwestern augenzwinkernd.

Wenn dieser listige Plan ihrer Tante Xenia aufging, würde für Alrauna und Jolanda ein Traum in Erfüllung gehen. Danach würden sie in der Hexenschule ihres Dorfes ganz schön was zu erzählen haben. Und auf ihre Tante Xenia war Verlass. Was sie versprach, das hielt sie auch — komme, was da wolle. „Das klappt. Großes Hexenehrenwort!", hatte sie gesagt.

Was für ein Abenteuer! Die beiden jungen Hexen hatten vor Aufregung regelrecht Bauchschmerzen. Lange schon standen sie auf der Gästeliste der Walpurgisnacht, die die Oberhexe Damiana peinlichst genau führte. Und da stand Folgendes drin:

Anmeldung
Namen: Alrauna und Jolanda Feuerwurz
Alter: 500 Hexenjahre
Haarfarbe: radieschenrot
Führerschein: Reisigbesen 1. Klasse
Unterschrift: Xenia Feuerwurz — Berghexe

Als die Walpurgisnacht sich näherte, putzten die Zwillingsschwestern sich so richtig heraus. Stolz zogen sie ihre nagelneuen Fetzenkleider an. Alrauna

ein giftgrünes und Jolanda ein gewitterlila Kleid, mit passenden Hüten dazu, in deren Spitzen sie sorgfältig Kerzen eingenäht hatten. Die mussten sie nur noch anzünden, sobald sie in Mainz gelandet waren, damit niemand Verdacht schöpfte. Rabe Kunibert nahm auf Alraunas Schulter, Kater Kilian auf Jolandas Rücken Platz. Nun noch ausreichend Flugpulver über die radieschenroten Locken gestreut, die Reisigbesen fest unter den Hintern geklemmt, und ab ging es durch den Schornstein über den Wald bis nach Mainz.

Jauchzend ritten die beiden Hexen durch die Frühlingsnacht. Der Vollmond schien. Von oben schauten sie auf die Dörfer hinunter und erkannten in der Ferne den glitzernden Rhein. Und da war er auch schon, der Mainzer Domplatz. Geschwind lenkten sie ihre Besen nach unten und landeten elegant im Schatten des Domes. Sie stiegen von ihren Besen und entzündeten rasch, mit einem Hieb ihrer Zauberstäbe, die Kerzen auf ihren Hüten.

Staunend sahen sie sich um. Welch ein Aufruhr herrschte hier! Berghexen, Talhexen, Kräuter-, Wald- und Moorhexen, große Hexen, kleine Hexen, dicke, dünne, bucklige Hexen, Zauberweiber mit langen Nasen, Schreckschrauben mit ekligen Warzen und todschicke Magierinnen mit glänzenden Umhängen liefen geschäftig hin und her, begrüßten einander und plapperten eifrig drauflos. Wie es sich für das Hexenvolk geziemte, hatten sie allerlei Getier dabei: Raben, Eulen und Fledermäuse flatterten umher, Katzen und Kröten sprangen über den Platz. Es quakte, krächzte, schuhute und miaute.

Suchend liefen die Hexenzwillinge durch die aufgeregt schwatzende Menge, bis sie eine große, hochelegante Zauberin mit grüner Turmfrisur entdeckten. Sie trug ein oranges Gewand mit hohem Kragen, dessen Ärmel fast bis zum Boden reichten. Passend dazu hatte sie sich orangefarbene Spinnen in die Haare gesetzt, und die krabbelten nun emsig in ihrer Turmfrisur herum. „Tante Xenia!", riefen die Mädchen wie aus einem Mund und fielen der Berghexe um den Hals.

„Da sind ja meine Lieblingsnichten!", rief Tante Xenia erfreut. „Ich hatte schon Angst, ihr würdet in letzter Sekunde einen Rückzieher machen und im Dorf bleiben", lachte sie. Dann besah sie sich ihre Nichten von oben bis unten und nickte anerkennend. „Toll seht ihr aus!"

Da ertönte die dröhnende Stimme der Oberhexe Damiana, die in der Platzmitte auf einem Thron saß. „Ruhe, werte Damen!", rief sie und ließ ihren Besenstiel dreimal laut zu Boden donnern. Sofort verstummte das Geplapper. „Stellt euch in die Reihe zur Anwesenheitskontrolle. Damit wir pünktlich um Mitternacht losfliegen können." Folgsam stellten die Hexen sich in eine Reihe. Damiana schritt an ihnen vorbei und schaute ihnen tief in die Augen, während sie die Gästeliste verlas.

„Lukrezia Hinkelstein, 643 Jahre alt?" „Anwesend!", rief ein schepperndes Stimmchen. „Fidelgunda Fliegenbein, 974 Jahre alt?", fuhr Damiana fort. „Hier!", krächzte ein altes Hexenmütterchen. „Xanthippe Rübensack, 540 Jahre alt?" „Stimmt genau!", kreischte es von rechts. Und weiter ging es im

Text. „Rigoberta Tausendstern, 815 Jahre alt? Theodora Rattenschwanz, 1066 Jahre alt? Raffaela Zitterborste, 704 Jahre alt?", und so weiter und so fort, bis Damiana irgendwann die Zwillinge aufrief. „Alrauna und Jolanda Feuerwurz, 500 Jahre alt?" „Ja!", riefen die beiden aufgeregt, als die Oberhexe mit prüfendem Blick auf sie zukam. Sie musterte die jungen Damen vom Scheitel bis zur Sohle und beäugte argwöhnisch ihre Hüte, deren Lichter an den Spitzen so verdächtig flackerten.

Plötzlich schnupfte sie allergisch, juckte sich an der Nase und holte tief Luft. „Ha-, Ha-, Hatschiii!", prustete es laut. Der stürmische Wind ihres Niesens fuhr über die Köpfe der beiden Mädchen hinweg und blies die Kerzen auf ihren Hüten aus. Zwei dünne Rauchsäulen stiegen in die Luft. Auf dem Platz herrschte Totenstille.

„Lüge!", schrie Damiana aufgebracht. „Ihr meint wohl, ihr könnt mich auf den Arm nehmen, junge Damen! Glaubt ihr etwa, wir würden Minderjährige mit zum Hexentanz nehmen? Das gibt nur Ärger mit der Hexenzentrale. Los, macht euch schleunigst auf den Rückweg in euer Dorf, aber dalli!", schimpfte Damiana ungehalten. „Und eure missratene Tante könnt ihr gleich mitnehmen. Schäm dich, Xenia, deinen Nichten solche Flausen beizubringen!", polterte die Oberhexe weiter. Sie war außer sich vor Wut. „Für dich fällt die Walpurgisnacht in diesem Jahr aus!"

Enttäuscht traten Alrauna und Jolanda in Begleitung ihrer Tante Xenia den Rückweg an. Verflixter Krötendreck! Ihr Plan war gehörig danebengegangen! Dabei hätten sie doch so gerne einmal die Walpurgisnacht miterlebt. „Jammerschade!", seufzten die Mädchen traurig.

Doch kaum waren die drei um die Ecke gebogen und außer Sichtweite, drehte sich Tante Xenia zu ihren Nichten um. „Mädchen, hört zu!", zischte sie. „Wir lassen uns doch von so einem alten Sauertopf wie Damiana heute Nacht unseren Spaß nicht verderben! Schließlich ist nur einmal im Jahr Walpurgisnacht. Achtung, jetzt kommt mein geheimer Notfallplan zum Einsatz. Wir müssen schleunigst zur Mitternachtsgasse!"

Bedeutungsvoll schaute sie von einer Nichte zur anderen. „Ich verrate euch nun ein uraltes Familiengeheimnis. Wer um Punkt Mitternacht durch die Mitternachtsgasse fliegt und den geheimen Zauberspruch sagt, wird in das Wesen seiner Wünsche verwandelt. Der Zauber bleibt so lange wirksam, bis man wieder in entgegengesetzter Richtung hindurchfliegt. Wenn wir uns beeilen, schaffen wir es gerade noch rechtzeitig, bis Mitternacht dort zu sein. Los, schnell! Fliegt mir nach!" Wacker stiegen die drei Hexen auf ihre Besen und brausten los.

An der Mitternachtsgasse angekommen, beschleunigten die Verschwörerinnen auf Höchstgeschwindigkeit. Wie wilde Furien ritten sie mit Vollgas und wehenden Haaren um Punkt Mitternacht durch die Mitternachtsgasse. Ihre Besen zischten durch die Luft, Feuerstaub und Sternengefunkel umgab sie. Ängstlich krallten sich ihre Tiere an den flatternden Hexenumhängen fest. Da zückte Tante Xenia ihren Zauberstab und sprach die magische Formel:

„Feuerwurz und Spinnenbein – alte Hexen wollen wir sein!
Spinnenbein und Feuerwurz – wie wir aussehen, ist uns schnurz!"

Blaue Blitze durchzuckten die Gasse und verwandelten die drei schicken Hexenladys in drei hässliche, zahnlose Rumpelhexen mit schmutzigen Lumpengewändern und verfilzten, grauen Haaren. Als sie am Deutschhausplatz wieder hoch in die Lüfte sausten, sahen sie gerade noch die Hexenarmada in nordöstlicher Richtung den Rhein überqueren. Flugs schlossen sie sich ihnen an und ritten bis zum Blocksberg, wo sie mit allen Hexen des Landes ein Hexenfest feierten, das sich gewaschen hatte. Die ganze Nacht lang ließen sie es krachen. Sie lachten, kreischten, sangen und schrien, tanzten um das Hexenfeuer und feierten ausgelassen die Walpurgisnacht auf dem Blocksberg. Was für eine Hexenparty!

Noch vor allen anderen kehrten die Verschwörerinnen im Morgengrauen nach Mainz zurück. Erneut flogen sie durch die Mitternachtsgasse, nur diesmal in umgekehrter Richtung, um sich zurückzuverwandeln. Der Taumel

der Walpurgisnacht hatte Jolanda jedoch so übermütig gemacht, dass sie sich plötzlich von ihrem Besen herunterhängen ließ und kopfüber mit lautem Gekicher durch die Gasse rauschte. „Miraculum Spectaculum!", jauchzte sie begeistert.

Atemlos stoppten die drei am Ende der Mitternachtsgasse. Doch Moment mal, was war das? Nur Alrauna und Tante Xenia waren in ihre ursprüngliche Hexengestalt zurückverwandelt worden, Jolanda war immer noch eine graue Rumpelhexe. „Oh, nein!", schrie sie verzweifelt.

„Jetzt haben wir den Salat, Jolanda!", schimpfte Tante Xenia mit hochrotem Kopf. „Mit deinen Kapriolen hast du den Familienzauber unwirksam gemacht." Angestrengt dachte sie nach. „Jetzt bleibt uns nur noch eine Lösung", sagte sie schließlich. „Du fliegst am Rheinufer zurück, durch die Zeughausgasse und dann noch einmal durch die Mitternachtsgasse. Aber diesmal ohne irgendwelche Faxen, verstanden? Alrauna und ich warten auf dem Domplatz auf dich." Da zeigte Alrauna entsetzt zum Himmel empor, wo in der Ferne die Hexenarmada wie ein Schwarm schwarzer Raben gerade vom Blocksberg zurückkam. „Los, mach schnell, Schwesterherz! Da hinten kommen die Hexen zurück. Lass dich bloß nicht erwischen!"

In Windeseile brauste Jolanda los. Wie ein grauer Nebelschleier flitzte sie am Rheinufer entlang, raste im Sausewind durch die Zeughausgasse und schnell wie der Blitz und ohne Unfug ein weiteres Mal durch die Mitternachtsgasse. Fünf Minuten später landete sie in ihrem gewitterlila Fetzenkleid am Mainzer Dom. „Es hat geklappt!", jubelte sie völlig außer Atem. Und das war in der Tat ganz knapp, denn genau in diesem Moment setzten die Hexenkolleginnen zur Landung auf dem Domplatz an. „Sieh an, sieh an," keiften sie schadenfroh. „Die Familie Feuerwurz hat die Walpurgisnacht in Mainz verbracht. Ihr Armen habt euch bestimmt ordentlich gelangweilt, so ohne richtigen Hexentanz", lachten sie sie aus.

„Ehrlich gesagt haben wir uns kein bisschen gelangweilt!", entgegneten die Hexenschwestern und zwinkerten einander zu. „Tante Xenia hat uns in

einen geheimen Familienzauber eingeweiht, und so konnten auch wir eine wunderbar wilde Walpurgisnacht feiern."

Überglücklich wandten sich die Mädchen an ihre Tante. „Danke, Tante Xenia, du bist die allerbeste Hexentante der Welt!", sagten sie mit leuchtenden Augen. „Und eines ist gewiss. Von nun an lassen wir uns keine einzige Walpurgisnacht mehr entgehen. Großes Hexenehrenwort!"

Die Mitternachtsgasse führt von der Christofsstraße über die Bauerngasse bis zum Deutschhausplatz und verläuft parallel zum Rhein. Hexen hat es hier nie gegeben. Weder hier noch anderswo. Dennoch sind vor langer Zeit auch in Mainz und Umgebung viele Frauen zu Unrecht als Hexen verurteilt, ins Gefängnis geworfen und auf dem Scheiterhaufen verbrannt worden, weil man sie beschuldigte, sie hätten sich mit dem Teufel verbündet.

Noch heute treffen sich auf dem Brocken im Harz, Blocksberg genannt, selbst ernannte, moderne Hexen und feiern dort die Walpurgisnacht. Nur leider fliegen sie nicht auf Besen dorthin, und schon gar nicht durch die Mitternachtsgasse.

Nellie Naseweis

In der Mainzer Altstadt lag einst ein namenloses Gässchen, durch das wehte beständig ein feines Lüftchen. Wenn es im Winter bitterkalt war, wehte es wärmend um die Häuser, und wenn im Sommer die Sonne unbarmherzig auf die Stadt herunterbrannte, wehte das Lüftchen so angenehm kühl, dass die Bewohner des kleinen Gässchens vor ihren Häusern saßen und es sich gut gehen ließen.

Hier im Gässchen, wo immer der richtige Wind wehte, stand ein kleines rotes Häuschen. Darin wohnte ein ganz besonders schlaues Mädchen, das hieß Nellie. Und weil die schlaue Nellie immer alles besser wusste als alle anderen und jeden belehrte, dem sie begegnete, wurde sie von den Leuten im Viertel nur Nellie Naseweis genannt.

Einfach alles wusste sie besser, die Nellie Naseweis, und musste das auch jedem gleich auf die Nase binden. Nach dem Motto „Wusstet ihr schon, dass es eine große haarige Spinnenart gibt, die Vogelspinne heißt, obwohl sie gar nicht fliegen kann?", oder „Habt ihr eigentlich gewusst, dass es nachts in der Wüste so eiskalt wird, dass man fast erfriert?", nervte Nellie ihre Mitmenschen. Die Nachbarn konnten es nicht mehr hören, hielten sich die Ohren zu und liefen weiter, ohne sie zu beachten, aber Nellie lief stur hinter ihnen her. „So bleibt doch stehen, ich habe euch Wichtiges zu erzählen." Und immer holte sie sie ein, um ihnen eine Lektion zu erteilen oder zu berichten, was wieder Großartiges in der Welt geschehen war. Ob sie es nun hören wollten oder nicht.

Sogar das Wetter konnte Nellie voraussagen. „Einen schönen Tag wünsche ich dir, Nellie!", rief eines Morgens die Nachbarin. Doch Nellie reckte nur die Nase in den Wind und schnupperte, bevor sie verächtlich schnaubte und ihr antwortete: „Pah, von wegen schöner Tag, Frau Nachbarin. An Eurer

Stelle würde ich lieber die Wäsche von der Leine holen, denn heute Nachmittag gibt es ein Unwetter." Und wie immer sollte sie recht behalten, die Nellie Naseweis.

In der Schule war sie natürlich eine Musterschülerin. Sie wusste sogar mehr als die Lehrerin. Doch weil sie immer alle verbesserte und mit ihrer ständigen Besserwisserei allen auf die Nerven ging, mochten die Mainzer Kinder sie nicht leiden, und so hatte Nellie keine Freunde. Ihr einziger Freund auf der Welt war ihr immenses Wissen.

Egal ob alt oder jung, die Mainzer wechselten die Straßenseite, wenn sie Nellie kommen sahen. Niemand wollte sich ihre Schlauschwätzerei mehr anhören. Dabei wollte Nellie doch nur nett sein und alle an ihrem Wissen teilhaben lassen. „Lauft weg, da vorne kommt Schwesterchen Schlaumeier", zischten die Kinder einander zu und versteckten sich. „Hallo?", rief Nellie dann und sah sich suchend um. „Da war doch gerade jemand, der bestimmt wissen will, wie man Feuer spuckt. Ich weiß, wie es geht." Jedoch nicht einmal ein derart besonderes Geheimnis konnte die Mainzer Kinder aus ihren Verstecken locken, so sehr ging die Nellie ihnen auf den Wecker.

„Hau ab, Nellie Nervensäge, und erzähl das euren Karnickeln", lachten sie sie aus. Und irgendwann war Nellie tatsächlich so weit, saß im Kaninchenstall und berichtete den Karotten knabbernden Langohren, in welchem Land dieser Erde man besonders große Diamanten findet. Aber nicht einmal die Kaninchen fanden das besonders interessant.

„Woher hat das Mädchen bloß sein ganzes Wissen?",
rätselten viele Mainzer. Des Rätsels Lösung war ganz
einfach. Nellie hatte nämlich einen Onkel, der als
Mönch in einem Mainzer Kloster lebte und dort die
Bibliothek leitete. So verbrachte Nellie jede freie
Minute in der Klosterbibliothek und las alles, was
sie in die Finger bekam. Bücher über Pflanzen
und Tiere, die religiösen Schriften und Reise-
berichte über fremde Länder, Sitten und
Gebräuche. Besonders spannend fand Nellie die medizinischen Fachbücher mit all
ihren Zeichnungen und Erklärungen, wie der
menschliche Körper von innen aussieht, wie
die Organe funktionieren, welche Krankheiten
es gab und wie man sie heilte. „Wenn ich
groß bin, studiere ich Medizin und werde
Ärztin." Das war Nellies allergrößter
Wunsch.

Eines Tages brach in der Stadt eine
schreckliche Krankheit aus: die Pest,
oder auch der Schwarze Tod genannt, weil die Pestkranken seltsame dunkle
Beulen am Körper bekamen und recht schnell an der Seuche starben. Keine
Medizin half dagegen. In früheren Zeiten hatte die Pest Mainz schon ein
paar Mal heimgesucht und viele Mainzer das Leben gekostet, doch diesmal
sollte sie schlimmer wüten als je zuvor. Die Totenglocken hörten nicht mehr
auf zu läuten, und die Totengräber hörten nicht mehr auf zu graben. Ein
Jammern und Wehklagen lag über der Stadt, und keiner traute sich aus dem
Haus, denn auf den Mainzer Straßen lauerte der Schwarze Tod.

Nur auf einer nicht. In Nellies kleinem Gässchen, wo selbst in jenen
schlimmen Zeiten ein frisches, reines Lüftchen wehte, war noch niemand
an der Pest gestorben. Keinem fiel das auf, nur der schlauen Nellie, die so
viel über die mysteriöse Krankheit gelesen hatte. „Ist doch komisch", sagte

sie eines Tages zu ihrem Onkel. „Überall in Mainz gibt es Pesttote, nur in unserem Gässchen nicht. Kein einziger unserer Nachbarn ist an der Pest gestorben. Ob das wohl an der guten Luft liegt, die hier ständig weht? In einigen Büchern steht geschrieben, dass Sauberkeit das Wichtigste ist, um die Pest zu bekämpfen. Glaube mir, lieber Onkel, nirgends in Mainz weht eine so saubere Luft wie in unserem Gässchen. Vielleicht kann sie auch das Böse fortwehen, und vielleicht sogar die Pest?", gab sie zu bedenken. „Wenn dem so ist, liebe Nellie", sprach da der weise Onkel, „dann können wir viele Mainzer vor der Pest bewahren und ihre Leben retten." „...wenn wir sie alle zu uns ins Gässchen holen!", vollendete Nellie seinen Satz.

Gesagt, getan! Nellie stürzte hinauf in ihr Zimmer und malte ein Schild. Darauf war ein Pestkranker zu sehen, der mit einem dicken schwarzen Kreuz durchgestrichen war. Das band sie sich auf den Rücken und lief damit durch die Mainzer Straßen. „Liebe Mainzer, die ihr noch gesund seid", rief sie aufgeregt. „Wollt ihr der Pest entkommen und euer Leben retten? Dann folgt mir in das Gässchen, wo das gute Lüftchen weht. Dort ist die Luft gesund und sauber. Kommt mit, wenn euch euer Leben lieb ist!" So rannte Nellie Naseweis durch die Stadt und schrie sich fast die Kehle aus dem Hals.

Und was geschah? Oh, Wunder! Zum ersten Mal hörten die verzweifelten Mainzer der Nellie zu. Zwar war das Mädchen der ganzen Stadt mit ihrer Besserwisserei auf die Nerven gegangen, aber bisher hatte es noch immer recht behalten. Was hatten die Mainzer also zu verlieren? Schließlich ging es hier um Leben und Tod! „Vielleicht kann diese Nellie Naseweis, die so viele Bücher gelesen hat, ja tatsächlich unser aller Leben retten", dachten sich die Mainzer. So traten sie aus ihren Häusern und folgten ihr. Und bald schon sah man eine eilige Prozession durch Mainz laufen, die immer länger und länger wurde, angeführt von einem kleinen Mädchen, das sie in die Gasse zur guten Luft brachte, in der sie sicher waren vor der Pest.

Und so schlugen die Mainzer im Gässchen ihr Lager auf. Die Bewohner nahmen sie bereitwillig auf, und das kleine Gässchen war proppenvoll. Auf Dachböden und Fluren, in Kellern, Küchen und Stuben, auf Terrassen, in

Gärten, ja sogar auf der Straße campierten die Mainzer dicht an dicht. Nellies Onkel und seine Mönchsbrüder hatten für Verpflegung, Decken und Strohsäcke als Matratzen gesorgt, und Nellie kümmerte sich von früh bis spät um die Gäste. Wochenlang harrten sie dort aus, bis die Pest aus der Stadt verschwunden war.

Das gemeinsame Überleben der Pestepidemie schweißte die verbliebenen Mainzer fest zusammen. Sie lernten nicht nur einander besser kennen, sondern auch Nellie Naseweis und ihre Besserwisserei zu schätzen. So kam es, dass Nellie jede Menge dankbare Freunde fand und nach ein paar Jahren ihren Wunsch in die Tat umsetzte. Als sie erwachsen war, studierte sie Medizin und wurde Ärztin, um mit ihrem Wissen die Menschen zu heilen.

Bei der schlimmen Mainzer Pestepidemie im Jahr 1666 starben über 2000 Menschen, ein Drittel der Mainzer Bevölkerung. Die Pest, die im Mittelalter mehr als 20 Millionen Todesopfer in ganz Europa forderte, war von den Handelsschiffen aus Asien eingeschleppt worden. Die Seuche wurde von den Flöhen der Ratten übertragen, was man damals aber noch nicht wusste. Die Menschen glaubten, die Pest wäre ein Fluch des Teufels, eine Strafe Gottes oder die Juden hätten die Brunnen vergiftet.

Einer Legende zufolge gab es damals nur eine Gasse in Mainz, in der es keine Pesttoten gab, und die deswegen ‚Zur goldenen Luft‘ genannt wurde. Heute gibt es die Gasse immer noch. Inzwischen heißt sie Goldenluftgasse. Sie liegt in der Mainzer Altstadt und freut sich bestimmt über euren Besuch. Spaziert doch einmal durch die Goldenluftgasse und überzeugt euch selbst, ob dort auch heute noch so ein gutes Lüftchen weht.

Der Schatz in der Gaugasse

Vor vielen, vielen Jahren stand in der Gaugasse zu Mainz ein altes, verfallenes Haus inmitten eines verwunschenen Weingartens. Die Menschen, die einst dort gewohnt hatten, waren schon vor langer Zeit ausgezogen, und niemand kümmerte sich mehr um das alte Gemäuer. Gespenstisch sah es aus. Die Farbe war abgeblättert, die Fensterläden hingen schief und morsch an den Seiten der zerbrochenen Fenster und knarrten bei jedem Windstoß. Durch das windschiefe Dach tropfte der Regen, und Tauben nisteten im Gebälk. Und in dem mächtigen Baum neben dem Haus, dessen Äste hoch über das Dach ragten, schliefen die Fledermäuse.

Der Weingarten, in dem die verfallene Ruine stand, glich einem Urwald. Zwischen den Weinstöcken war hoch das Unkraut gewachsen. Büsche und Sträucher streckten ihre stacheligen Zweige weit über die baufällige Gartenmauer, die vor lauter Efeubewuchs kaum mehr zu sehen war. Selbst der Weg war so zugewachsen, dass man ihn sich mit einem Stock hätte freischlagen müssen, wollte man zum Haus gelangen.

Aber das wollte keiner. Wenn die Mainzer durch die Gaugasse gingen, machten sie einen riesengroßen Bogen um das Grundstück, solche Angst hatten sie vor dem Gespensterhaus, wie es in Mainz genannt wurde. Niemand traute sich in seine Nähe. Spuken solle es dort, munkelten die Leute.

Ausgerechnet durch die gruselige Gaugasse musste der junge Weinbauer Franz von nun an jede Nacht um vier Uhr zu seiner neuen Arbeit in die Bäckerei gehen. Franz war ein mutiger junger Mann, der jeden Winkel in Mainz kannte und den so schnell nichts schreckte. Doch bei dem Gedanken an das alte Gespensterhaus wurde selbst ihm ganz mulmig. Aber es half nichts. Er musste zur Bäckerei und für die Bäckerin Brot und Brötchen aus-

tragen. Er brauchte das Geld dringend. Und wenn er von seinem bescheidenen Häuschen zur Bäckerei kommen wollte, musste er zwangsläufig durch die Gaugasse. Daran führte kein Weg vorbei.

Franz war in Mainz groß geworden. Alle seine Vorfahren waren Weinbauern gewesen. Jahrhundertelang hatte die Familie ihr Land mit Weinreben bepflanzt, die Trauben geerntet und daraus Wein gemacht. Und vom Ertrag des Weines hatten sie immer ein gutes Auskommen gehabt. Doch diese rosigen Zeiten waren vorbei. Inzwischen war der Boden ausgelaugtes Ödland, und die Reben trugen keine Früchte mehr, egal wie sehr sich Franz in seinem Weinberg abrackerte. Und weil er nichts verkaufen konnte, verdiente er auch kein Geld mehr und verarmte. Um nicht als Bettler auf den Mainzer Straßen zu landen, hatte Franz sein Weinbauerleben schließlich an den Nagel gehängt und sich eine neue Arbeit gesucht.

Düster war es und eiskalt, als Franz mit zögerlichen Schritten an der Ruine vorüberging. Fahl und gespenstisch schien das Mondlicht auf die abgeblätterte Fassade. Fröstelnd zog er seine Jacke enger um den Leib und steckte seine Hände tief in die Taschen. Ein paar Fledermäuse flatterten auf, irgendwo schrie ein Käuzchen. Franz war ganz unheimlich zumute.

„Ich muss an etwas Schönes denken", beruhigte er sich selbst. „Und schon werde ich keine Angst mehr haben." Er dachte an seine geliebte Klara, das Mädchen, das er heiraten wollte, sobald er genug Geld zusammengespart hatte. Die schöne Klara aus der Bauerngasse, die er schon seit Kindertagen kannte, als Franz noch Fränzchen hieß und die Mainzer Kinder hier am Gespensterhaus ihre Mutproben machten. Schon damals hatte er sich in die kleine Klara mit den blonden Zöpfen verliebt. Beim Gedanken an seine Liebste seufzte er sehnsüchtig und ging langsam weiter durch die dunkle Nacht.

Doch halt! Plötzlich blieb Franz wie angewurzelt stehen. Da war doch etwas. Er schaute hinüber in den verwilderten Garten und traute seinen Augen nicht. Da stand eine weiße Gestalt. Er rieb sich die Augen und

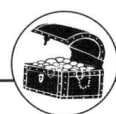

schaute noch einmal hin. Ein durchscheinendes Wesen mit einem langen weißen Gewand stand da, mitten im Garten zwischen den Weinreben. „Hilfe, ein Gespenst!", entfuhr es ihm. Schon wollte er wegrennen, da erhob das Wesen seine klagende Stimme und sprach zu ihm:

„Huhuuu Fremder, trete ein
und pflanze im Garten wieder Wein."

Bei diesen Worten sprang quietschend die verrostete Gartenpforte auf, damit er eintreten konnte.

„Weg hier!" Von Panik ergriffen lief Franz los. So schnell er konnte, rannte er zur Bäckerei. Als er völlig außer Atem dort ankam, zitterte er am ganzen Körper und war vollkommen durcheinander. Die Bäckerin bemerkte es nicht. Sie begrüßte ihn freundlich und freute sich, dass ihr neuer Brotauslieferer gleich an seinem ersten Arbeitstag eine halbe Stunde früher kam. So schnell war Franz gerannt.

Den ganzen Tag über musste Franz an sein schauriges Erlebnis mit dem Geist denken. Außerdem würde er in der nächsten Nacht wieder an dem Gespensterhaus vorbeigehen müssen. Und in der übernächsten und überübernächsten und überhaupt von nun an in jeder Nacht. Als er abends im Bett lag, tat er vor lauter Angst kein Auge zu und hoffte inständig, der Geist möge ihm nicht noch einmal erscheinen. Doch als er nachts um vier raschen Schrittes durch die Gaugasse zur Arbeit ging, sah er schon von weitem seine weiße Silhouette leuchten:

„Huhuuu Fremder, trete ein
und pflanze im Garten wieder Wein.
Eine reiche Belohnung bringt es dir ein."

Und erneut ertönte das Quietschen der sich langsam öffnenden Gartenpforte.

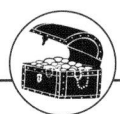

Wieder packte ihn das Grauen. Entsetzt spurtete er los zur Bäckerei. Nach Luft schnappend und weiß wie die Wand kam er dort an. „Franz, was ist los?", fragte ihn die Bäckerin. „Du siehst aus, als hättest du einen Geist gesehen." „Ich glaube, das habe ich tatsächlich", erwiderte Franz mit zitternder Stimme. „Ach, Papperlapapp!", wies ihn die Bäckerin zurecht. „Geister gibt es doch gar nicht. Dann reichte sie ihm den großen Tragekorb voller Brot. „So, und jetzt an die Arbeit. Dann wird der Spuk in deinem Kopf von ganz allein aufhören."

Also machte Franz sich an die Arbeit. Und während er so von Haus zu Haus zog und Brot und Brötchen austrug, dämmerte der Morgen und die Vögel begannen zu zwitschern. Im Morgenlicht war es gar nicht mehr gruselig und er begann nachzudenken. Hatte das Gespenst nicht von einer Belohnung gesprochen, wenn er im Garten wieder Wein pflanzte? Was für eine Belohnung konnte das sein? Franz überlegte. „Wenn es Geister nicht gibt, wie die Bäckerin sagt, dann könnte ich es doch eigentlich wagen. Wein pflanzen ist für mich ein Kinderspiel. Wenn ich dem Gespenst den Gefallen tue, bekomme ich die Belohnung und werde vielleicht ein reicher Mann. Dann könnte ich endlich meine Klara heiraten. Schlimmstenfalls erlebe ich noch mehr Geisterspuk und komme mit dem Schrecken davon. So wird's gemacht. Morgen traue ich mich in den Garten!", beschloss er.

Als Franz in der nächsten Nacht durch die Gaugasse ging, hatte er Bauchschmerzen vor Angst. Am liebsten wäre er zurück nach Hause gelaufen und hätte sich in seinem Bett verkrochen, doch er zwang sich weiterzugehen. Wieder sah er das Gespenst schon von weitem im Garten leuchten. Sein weißes Gewand bauschte sich im Wind. Als Franz an der überwucherten Gartenmauer ankam, hörte er abermals seine klagende Stimme:

„Huhuuu Fremder, trete ein
und pflanze im Garten wieder Wein.
Dein Lohn, das wird ein Goldschatz sein."

Mit ihrem gewohnten Quietschen ging die rostige Gartenpforte auf. Nur diesmal rannte Franz nicht fort. „Ich mach's!", dachte er, nahm all seinen Mut zusammen und betrat den verwunschenen Garten. Entschlossen bahnte er sich einen Weg durch das verwachsene Gestrüpp, bis er vor dem Wesen stand, das ihn hineingebeten hatte. Ihm schlotterten die Knie und Angstschweiß brach ihm aus.

„Oooh danke, Fremder, dass du meinem Ruf gefolgt bist!", sagte das Gespenst und sah ihn an. Eiskalte Schauer liefen Franz über den Rücken. „Seit Jahren spuke ich hier Nacht für Nacht, aber alle laufen fort", sprach der Geist. „Dabei will ich doch nur, dass sich jemand um mein Haus und meinen Weingarten kümmert. Einst wohnte ich mit meiner Familie hier, und wir führten ein glückliches Leben. Doch inzwischen sind alle gestorben. Die letzten Urururenkel sind fortgegangen, und mit den Jahren ist alles verfallen. Pflanze Wein, Fremder, und repariere das Haus. Dir wird reicher Lohn beschert sein. Dann kann ich endlich in Frieden ruhen." Da ergriff das Gespenst Franz' Hand und legte einen Schlüssel hinein. „Danke, Fremder!", sagte es und verschwand.

Nun hatte Franz gar keine Angst mehr. Er sah sich im Garten um und erkundete das Haus. Alles war morsch und verfallen. Es wartete viel Arbeit auf ihn. Am nächsten Tag ging er nach seiner Arbeit direkt zum Bürgermeister und trug sein Anliegen vor. Er, Franz der Weinbauer, wollte das alte Grundstück wieder schönmachen. Der Bürgermeister freute sich sehr über Franz' Idee. Die alte Ruine verschandelte sein schönes Mainz und war ihm seit langem ein Dorn im Auge. „Lieber Franz, das ist ein großartiger Plan", beglückwünschte ihn der Bürgermeister. „Da die alten Besitzer schon lange fortgegangen sind und niemand sonst Anspruch auf das Anwesen erhebt, bekommt Ihr es von der Stadt Mainz geschenkt. Als Dank dafür, dass Ihr diesen Schandfleck instand setzt."

Von dem Tag an verbrachte Franz jede freie Minute in seinem neuen Weingarten. Er riss die alten Weinstöcke und das Unkraut heraus, beschnitt die Sträucher, grub den Garten um und erneuerte den Zaun und die

quietschende Gartenpforte. Dann zog er Furche um Furche und pflanzte neue Reben. Als er fast fertig war und das Loch für das letzte Pflänzchen grub, stieß er mit seinem Spaten auf etwas Hölzernes im Boden. „Nanu, was haben wir denn da?", dachte er überrascht. Er erweiterte das Loch und förderte eine Schatzkiste zutage mit einem rostigen Vorhängeschloss daran.

Schnell zog er den Schlüssel aus seiner Hosentasche, den das Gespenst ihm gegeben hatte. Erwartungsvoll steckte er ihn ins Schlüsselloch. Knirschend sprang das Schloss auf.

Vorsichtig hob er den Deckel an und staunte. Die Schatzkiste war voller glänzender Goldmünzen. „Der Schatz!", rief er freudig. „Ein richtiger Goldschatz! Und er gehört nur mir allein. Hurra!!!", schrie er laut und hüpfte vor Freude durch den ganzen Garten. Das Gespenst hatte Wort gehalten und ihn reich belohnt. Alle seine Träume würden nun wahr werden.

So wurde aus dem armen Weinbauern Franz ein reicher Mann. Aus dem verfallenen Gespensterhaus machte er eine schmucke kleine Villa. Und endlich konnte er seine geliebte Klara heiraten. Sie zogen dort ein und bekamen viele Kinder. Nach ein paar Jahren trugen die neuen Weinreben viele Trauben, die er zu Wein verarbeitete. So lebten sie glücklich und zufrieden bis an ihr Lebensende. Das Gespenst spukte nie wieder im Garten und konnte endlich in Frieden ruhen.

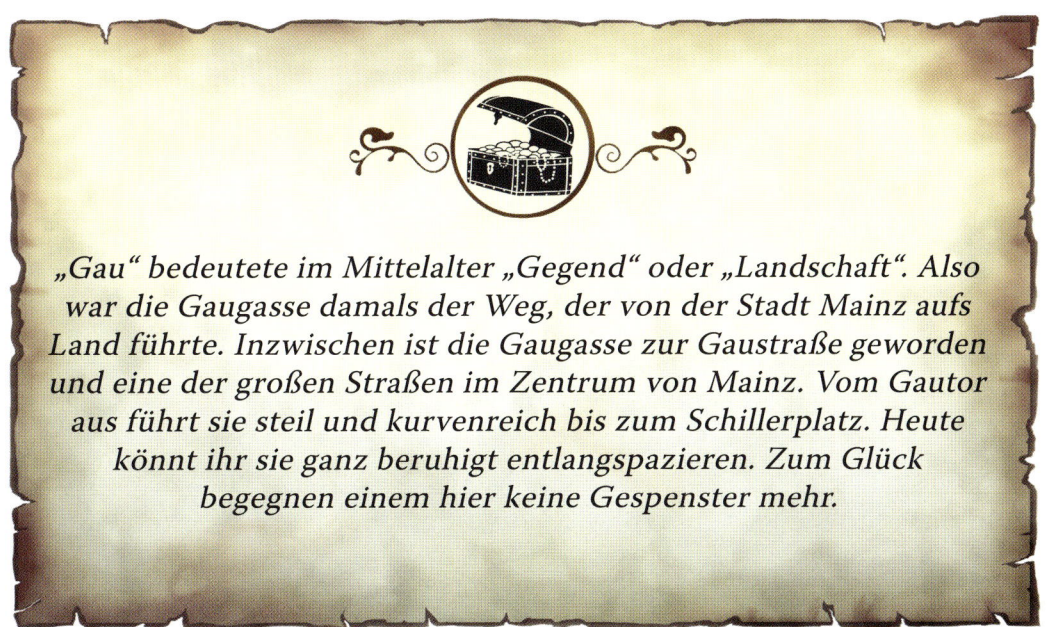

„Gau" bedeutete im Mittelalter „Gegend" oder „Landschaft". Also war die Gaugasse damals der Weg, der von der Stadt Mainz aufs Land führte. Inzwischen ist die Gaugasse zur Gaustraße geworden und eine der großen Straßen im Zentrum von Mainz. Vom Gautor aus führt sie steil und kurvenreich bis zum Schillerplatz. Heute könnt ihr sie ganz beruhigt entlangspazieren. Zum Glück begegnen einem hier keine Gespenster mehr.

Das Geheimnis des Domsgickels

Die Schweden kommen! Laut schallte der Warnruf durch die Stadt. Die Kinder packten ihre Spielsachen und rannten nach Hause, so schnell ihre Beine sie trugen. Die Mütter liefen ihnen besorgt entgegen, und die Väter ließen in der Werkstatt alles stehen und liegen, um bei ihren Familien zu sein. Auf dem Marktplatz packten die Marktfrauen eiligst ihre Ware zusammen, die Kaufleute schlossen ihre Läden fest zu, und im Rathaus berief man eine Notstandssitzung ein. Ganz Mainz war in Alarmbereitschaft. Der Feind stand vor den Toren der Stadt.

So hatten sich die Mainzer das Weihnachtsfest des Jahres 1631 wirklich nicht vorgestellt. Man schrieb den 19. Dezember. Noch fünf Tage bis Heiligabend. Die feindlichen Truppen belagerten die Stadt, und die Mainzer wussten ganz und gar nicht, was sie nun tun sollten. Würde Gustav Adolf, der König der Schweden, mit ihnen gnädig sein? Oder würde er mit seinen Truppen die Stadt überfallen und den Mainzern alles wegnehmen, was sie besaßen? Den Mainzer Bürgern war angst und bange zumute.

„Wir ergeben uns friedlich!", lautete der Beschluss der Ratsherren, den der Mainzer Stadtkommandant den Schweden, die vor dem Gautor lauerten, überbringen sollte. „Werte Ratsherren", sprach der Bürgermeister mit zitternder Stimme zur Ratsversammlung. „Wir kaufen uns frei, damit die schwedischen Truppen uns in Ruhe lassen. Das kostet uns zwar all unsere Ersparnisse, aber es ist immer noch die beste Lösung. So kommen sie hoffentlich nicht auf die Idee, uns auszuplündern."

Die Domherren im Mainzer Dom knieten nieder, falteten die Hände und sandten ein Stoßgebet zum Himmel empor: „Lieber Gott, beschütze unsere Stadt, alle Mainzer und den Dom!" Viele ihrer Kollegen waren schon gar nicht mehr in der Stadt. Kirchen und Klöster waren verlassen, der Erzbi-

schof war nach Köln geflohen und hatte die wertvollsten Stücke des Mainzer Domschatzes mitgenommen, damit sie nicht dem Feind in die Hände fielen.

Während die Domherren dort knieten und beteten und sich in ihrem schönen Dom so umsahen, fiel ihnen auf, dass noch ziemlich viele kostbare Kunstwerke im Dom waren: Silberne Leuchter und Kreuze mit Edelsteinen, goldene Kelche, wertvolle Gemälde und Statuen. Außerdem waren auch noch viele Wertsachen in ihrer Schatzkammer zurückgeblieben, die der Erzbischof in der Eile nicht mitgenommen hatte: Golddurchwirkte Gewänder, silberne Bischofsstäbe und Bischofsringe mit Diamanten. Die Mainzer Domherren machten sich große Sorgen um den wertvollen Besitz des Doms.

Plötzlich sprach einer aus, was sie alle dachten: „Brüder, wir müssen unseren Domschatz retten. Wir können ihn unmöglich den Schweden überlassen", sagte der Domherr Antonius. „Natürlich!" Seine Kollegen sprangen auf und fassten sich entgeistert sich an die Stirn. „Wieso haben wir nicht eher daran gedacht? Wir, die wir noch hier in der Stadt sind, tragen nun die alleinige Verantwortung für unseren Domschatz", rief der Domherr Franziskus entschlossen. „Und der gehört nun mal nach Mainz und nicht nach Schweden!"

Allerhöchste Eile war geboten. Die schwedischen Truppen konnten jederzeit in die Stadt einfallen. Ratlos sahen die Domherren einander an: „Aber wo um Himmels willen sollen wir den Schatz nur verstecken?", fragte der Domherr Jakobus in die Runde. „Betet um ein Zeichen Gottes, Brüder." Und so fielen sie wieder auf die Knie und ins Gebet, in der Hoffnung, Gott möge ihnen ein Zeichen senden, wo sie ihren geliebten Domschatz vor den Schweden verstecken sollten.

Verzweifelt beteten die Domherren. Beteten und beteten, bis es dunkel wurde, und erhoben sich erst, als die Glocke schon fast Mitternacht schlug. Schweigsam betraten sie den Kreuzgang des Doms, um zu ihren Kammern zu gehen. Hell schien der Vollmond und tauchte die verwitterten Grabsteine des Domfriedhofs in ein gespenstisches Licht. Von der Turmspitze des

Doms herab warf der goldene Domsgickel seinen gruseligen Schatten genau in die Mitte des Kreuzgangs. Enttäuscht schritten die Domherren durch die Vollmondnacht und hielten den Blick zu Boden gesenkt. Vergeblich hatten sie um ein Zeichen Gottes gebetet.

Und da geschah es. Genau um Mitternacht. Mit einem Mal sperrte der bizarre Schatten des Domsgickels, der sich vor ihnen auf dem Boden abzeichnete, seinen Schnabel auf und stieß ein langgezogenes Krähen aus. KIKERIKIII, tönte es laut durch die Nacht. Erschrocken zuckten die Domherren zusammen, und da erklang auch schon das zweite, ohrenbetäubende KIKERIKIII. KIKERIKIIII, so ging es weiter. KIKERIKIII, KIKERIKIII, KIKERIKIII, krähte der Domsgickel sein Mitternachtskonzert, bis er ganze zwölf Mal gekräht hatte.

Die Domherren erstarrten vor Schreck. Spukte es in ihrem Kreuzgang? Träumten sie oder war das wirklich passiert? Hatten sie anstatt des üblichen Läutens der Turmuhr tatsächlich den Domsgickel krähen gehört? Ungläubig blickten sie auf die Stelle, wo gerade eben noch der geöffnete Schnabel des Domsgickels zu erkennen gewesen war. Der finstere Schatten des Wetterhahns war immer noch deutlich auf dem Boden zu sehen. Doch sein Schnabel war geschlossen, und kein Ton kam mehr heraus.

„Habt ihr das gehört, Brüder?" Der Domherr Franziskus war ganz aufgeregt. „Das war Gottes Zeichen! Er ließ den Domsgickel krähen, damit sein Schatten uns zeigt, wo wir den Schatz verstecken sollen. Er hob einen Zweig vom Boden auf

und zeichnete damit ein Kreuz an die Spitze des Schnabels. „Dort, wo der Schnabel des Domsgickels hinzeigt, werden wir unseren Domschatz vergraben."

Und so geschah es. Plötzlich war keiner der Herren mehr müde. Die einen liefen los, um Schaufeln zu holen, die anderen gingen in den Dom, um die Kunstwerke einzusammeln, wieder andere holten das, was noch in der Schatzkammer war. Schwer schleppten sie an den Kostbarkeiten. Mit vereinten Kräften hoben sie ein tiefes Loch aus und vergruben ganze Kisten mit Messkelchen, Rosenkränzen, Bischofsringen und wertvollen Gewändern. Sie umwickelten Silberleuchter mit Lumpen, steckten Statuen in Leinensäcke und deckten Altarbilder mit Holzbrettern ab, damit die Wertsachen vor dem feuchten Erdreich geschützt waren. Ganz feierlich war ihnen zumute, als sie bei Tagesanbruch alles vergraben hatten. Sie klopften die Erde gut fest, damit niemand erkennen konnte, dass sie dort gegraben hatten. „Puh, geschafft!"

Gerade noch rechtzeitig waren die Domherren auf die rettende Idee gekommen, den Domschatz zu verstecken. Nur drei Tage später marschierten die Schweden in die Stadt ein. Der Handel mit dem Rat der Stadt war besiegelt worden.

80 000 Reichstaler sollten die Mainzer bezahlen, damit die schwedischen Truppen nicht plünderten und brandschatzten. Mainz war nun pleite.

Hoch zu Ross ritt der schwedische König am Weihnachtstag in den Mainzer Dom ein und erklärte die ehrenvolle Übergabe der Stadt an die Schweden. Danach unternahm er einen Spaziergang durch den Kreuzgang, sah sich den alten Friedhof an und setzte sich auf die Bank im Kräutergarten. „Mal sehen, was es hier im goldenen Mainz zu holen gibt", dachte er auf Schwedisch und sah sich gründlich um. Zum Glück fiel ihm die frische Grabung in der Mitte des Kreuzgangs nicht auf. Wenn der Schwedenkönig nur geahnt hätte, welche Kostbarkeiten da wenige Meter von ihm entfernt unter der Erde schlummerten.

So waren die Schweden also nach Mainz gekommen und sollten ganze vier Jahre lang bleiben. Für die Bürger der Stadt brach eine harte Zeit an. Die Schweden forderten Geld, die Pest wütete in der Stadt, und viele schöne Dinge wurden nach Schweden abtransportiert, besonders die Bücher aus dem Mainzer Schloss und aus den Bibliotheken. Jedoch nicht der zurückgebliebene Teil des Mainzer Domschatzes. Der lag sicher im Kreuzgang des Doms vergraben.

Doch eines schönen Tages war es dann endlich soweit. Die schwedischen Truppen wurden besiegt und mussten abziehen. „Welch ein Glück!", freuten sich die befreiten Mainzer. Nun konnte auch der Erzbischof wieder nach Hause zurückkehren. Erschüttert betrachtete er seine Heimatstadt, in der Krieg und Seuchen ihre Spuren hinterlassen hatten. Noch erschütterter aber war er, als er seinen Dom betrat und sah, dass alle Kunstwerke, die er bei seiner Flucht zurückgelassen hatte, aus dem Dom verschwunden waren und die Schatzkammer leer war.

„Unseren ganzen Domschatz haben die Schweden uns geraubt", seufzte der Erzbischof verzweifelt. „Nur die Stücke, die ich nach Köln retten konnte, sind uns noch geblieben." Traurig verbarg er sein Gesicht in den Händen. Da trat der Domherr Franziskus vor ihn hin.

„Seid nicht traurig, Eure Exzellenz", sagte er und legte ihm tröstend die Hand auf die Schulter. „Kommt heute Nacht in den Kreuzgang des Doms. Es ist Vollmond, und genau um Mitternacht wird der Domsgickel uns ein Geheimnis offenbaren."

Als der Erzbischof um kurz vor Mitternacht im Kreuzgang ankam, hatten sich die Domherren bereits dort versammelt. „Was gibt es denn so Wichtiges, dass der Domsgickel es uns verraten muss?", fragte er verwundert. „Ihr werdet es schon sehen, Eure Exzellenz", antworteten die Domherren. Erwartungsvoll blickten sie nach oben. Da kam der Mond hinter einer Wolke hervor und beleuchtete den Domsgickel hoch droben auf seinem Turm. Sein düsterer Schatten fiel genau in die Mitte des Kreuzgangs. Plötzlich öffnete der goldene Gickel seinen Schnabel und stieß ein langgezogenes KIKERIKIII aus.

Der Erzbischof wäre vor lauter Schreck fast ins Kräuterbeet gefallen. Noch elf weitere Male krähte der Domsgickel laut durch die Mainzer Vollmondnacht, dann war das Wunder vorbei. Schnell machte der Domherr Franziskus ein Kreuz an die Stelle, wo der Schnabel hinzeigte, bevor der Mond wieder hinter seiner Wolke verschwand und der Schatten sich auflöste.

„Hier ist es!" Domherr Jakobus zeigte eifrig auf die angekreuzte Stelle. Jedem der Herren wurde nun eine Schaufel in die Hand gedrückt. „An die Arbeit, Brüder!", befahl Domherr Franziskus, und dann ging es ans Graben. Der Erzbischof staunte nicht schlecht, als nach und nach merkwürdige, in Lumpen gewickelte Gebilde und Kisten zutage gefördert wurden.

Umso erfreuter war er, als sie ausgepackt waren und er die fehlenden Stücke seines Domschatzes erkannte. Er konnte sein Glück gar nicht fassen. „Das darf doch nicht wahr sein. Unser Domschatz ist noch komplett!", rief er freudestrahlend. „Meine lieben Domherren, ich danke euch von ganzem Herzen, dass ihr ihn in Sicherheit gebracht habt! Bessere Domherren als euch kann sich die Stadt Mainz nicht wünschen. Auf euch, liebe Brüder, kann man wirklich zählen!" Gerührt wischte er sich eine Träne aus dem Augenwinkel. Welch erhebender Moment!

Bald schon erstrahlte der Mainzer Dom wieder in seinem alten Glanz, bestückt mit all den Kostbarkeiten, die der Domsgickel die ganze schwedische Besatzungszeit hindurch so gut versteckt gehalten hatte. Und so thront er nach wie vor in goldenem Schimmer hoch über den Dächern von Mainz und hält über alle Geheimnisse, die er von dort oben entdeckt, brav den Schnabel. Niemand hat ihn je wieder krähen gehört.

Der Domsgickel ist der Wetterhahn des Mainzer Doms und eine Mainzer Berühmtheit. Er ist 1,12 m lang, 95 cm hoch und besteht aus getriebenem und vergoldetem Kupferblech. Aus 82,5 m Höhe schaut er vom Westturm des Doms auf die Stadt hinab und ist schon fast 250 Jahre alt.

Der vergoldete Hahn birgt tatsächlich ein Geheimnis. In seinem Bauch ist nämlich eine Zeitkapsel mit Zeitdokumenten, Fotos und Botschaften versteckt. Bisher wurde er insgesamt viermal vom Turm heruntergenommen, ausgebessert, repariert und neu vergoldet. Anlässlich der letzten Neuvergoldung im Jahr 2013 gab es sogar eine Domsgickel-Ausstellung im Dommuseum, und jeder konnte ihn sich aus der Nähe anschauen.

Murks, der Waldkobold

In den Wäldern von Mainz lebte einst ein kleiner, wilder Kobold. Mit zerrissenem Wams, löchrigen Hosen, verstrubbelten Haaren und verfilztem Fellmützchen sah er wüst und verwegen aus. Doch eigentlich war er ein guter Kerl, der niemandem etwas Böses wollte.

Der kleine Waldkobold sammelte alles, was nicht niet- und nagelfest war. Tag für Tag werkelte und rumorte er im Wald herum und hortete Unmengen von Schrott: Rostige Kettenhemden, verbogene Hufeisen, abgebrochene Schwerter und alte Suppenkessel, aus denen er eines Tages bahnbrechende Erfindungen bauen würde, wie er immer behauptete.

Nun war unser Kobold aber ein rechter Tollpatsch. Alles, was er anpackte, war schlicht und einfach Murks. Und weil er eben alles, aber auch alles vermurkste, nannten die Waldbewohner ihn nur den kleinen Murks.

Seitdem der Störenfried mit seinem Höllenlärm in ihrem Wald aufgetaucht war, hatten die Waldwesen keine Ruhe mehr. Das friedliche Leben im Dickicht der Bäume war ein für alle Mal vorbei. Jede Woche baute sich dieser Murks eine neue Höhle, zog in Fuchsbauten, Vogelnester und Dachshöhlen ein, wohnte unter Maulwurfshügeln und machte auf einem merkwürdigen Gefährt die Mainzer Wälder unsicher, das aussah wie eine verbogene Tröte auf Rädern und das mit Feuer angetrieben wurde. „Selbst gebaut!", wie er stolz überall erzählte. Schwarze Dampfwolken stiegen aus dem Trichter hinter dem Höllenfahrzeug und verursachten ein lautes Getöse. Jede Wolke, die hinten aus der Tröte entwich, machte „Puff" und schubste das kuriose Vehikel ein Stückchen weiter nach vorne.

„Puff – Puff – Puff! Hier kommt der kleine Murks mit Volldampf durch den Wald gegurkst", sang er lauthals und hupte alle Kleintiere aus dem Weg.

Ständig bastelte er an etwas Neuem und hielt sich für den großartigsten Erfinder unter der Sonne, obwohl ihm eigentlich alles misslang. Wo er auftauchte, verursachte er nur Chaos und Kuddelmuddel und schreckte mit seinem Radau die Waldbewohner auf. Wo immer er mit seinem Murksmobil vorbeiknatterte, hinterließ er Müll und Dreck. So war er stets leicht zu finden, der kleine Murks. Seine Spuren waren unübersehbar, sein lautes Rumoren unüberhörbar. Der ganze Wald hielt sich die Ohren zu.

Die Waldbewohner wollten ihn dringend loswerden und überlegten Tag für Tag, wie sie den Quälgeist aus ihrem Wald vertreiben könnten. Das war nämlich gar nicht so einfach, denn der Murks fühlte sich pudelwohl bei ihnen. Doch als er schließlich unter fast jeder Baumwurzel des Waldes gehaust hatte und sie mit seinem Gerümpel unbewohnbar gemacht hatte, zog es ihn von selbst in die große weite Welt hinaus. In die größte Stadt, die der kleine Murks sich vorstellen konnte – ins schöne Mainz.

An einem kalten, sonnigen Tag im Februar setzte der Murks sein verbeultes Fellmützchen auf, zog sich den selbstgestrickten roten Nasenwärmer über seinen Riesenzinken und schlüpfte in seine schicken Schnabelschuhe mit den goldenen Schnallen. „Heute ziehe ich in die große Stadt und gehe dort auf Wohnungssuche. Adieu, ihr Lieben!", verkündete er fröhlich und bestieg sein klappriges Vehikel. Die Waldbewohner atmeten auf und winkten ihm erleichtert nach, als er sich dröhnend verpuffte. Dann begannen sie mit vereinten Kräften, ihren Wald wieder aufzuräumen und die unzähligen alten Schrauben, Rohre, Blechbüchsen und sonstigen Unrat wegzufegen.

„Puff-puff-puff", puffte der kleine Murks auf seinem Murksmobil aus dem Wald, holterdipolterte durch die Wiesen, kawupperte über holprige Feldwege und rauschte mit unglaublichem Krach direkt in die Stadt hinein.

Mit lautem Quietschen stoppte er sein Gefährt und schaute sich neugierig um. Viel hatte er schon gehört über das goldene Mainz, die alte Römerstadt mit dem beeindruckenden Dom aus dem schönen roten Sandstein. Wahnsinnig laut war es hier außerdem. Das gefiel dem kleinen Kobold. „Mainz

ist genau die richtige Stadt für mich", dachte der kleine Murks, seufzte zufrieden und fuhr schnurgeradeaus dem Krach hinterher.

Bald schon tuckerte das Murksmobil auf eine große Straße. Jubelnde Menschen standen rechts und links am Straßenrand, schrien unverständliche Wörter und winkten ihm fröhlich zu. Wie ein kleiner König kam der Murks sich vor, als er durch die johlenden Menschenmassen fuhr. „Aha, so sehen also die Mainzmenschen aus", dachte er. „Wie freundlich sie mich begrüßen."

Begeistert schaute er sich um. Toll war es hier in Mainz! Zu Ehren seiner Ankunft regnete es bunte Papierschnipsel in Rot, Weiß, Blau und Gelb. Die Mainzmenschen hatten ihre schönsten Prunkgewänder angezogen. Manche hatten sogar rote Lockenperücken und falsche Nasen aufgesetzt. Einige trugen schwarze Umhänge und Teufelshörner auf dem Kopf. Andere hatten Fellkleidung an und sahen aus wie die Mäuse, Füchse, Rehe oder Bären, die der Murks aus dem Wald kannte. Wieder andere trugen schicke Augenklappen, Tücher um den Kopf und glänzende Säbel an ihren Gürteln. „Hier geht man mit der Mode!", dachte der kleine Murks. „Ganz nach meinem Geschmack."

Ausnahmslos begrüßten die Mainzer den Murks mit demselben Ruf. „Helau!", riefen sie. „Helau!", rief der Murks höflich zurück und winkte ihnen freundlich zu. Doch als er genauer hinsah, bemerkte er, dass er auf der Straße nicht allein war. Vor ihm ging ein Trupp Soldaten mit Trompeten und Gardetrommlern und spielte ein lustiges Lied. Hinter ihm fuhren riesige Wagen, von denen Blumen und Leckereien geworfen wurden. Auf einem saß ein Harlekin mit Schellenkappe und Spiegel und grüßte ins Getümmel. „Till!", schrie die ausgelassene Menge. Dahinter folgten Gruppen tanzender Jungmenschen. Männer, auf deren ausgestreckten Armen schöne Mädchen mit langen Zöpfen saßen, die Küsschen in die Menge warfen. Und ein fröhlicher Bajazz mit einer Laterne hopste hinterdrein und machte Faxen.

Plötzlich tauchten neben dem Murks riesige, geschwollene Köpfe auf, die auf spindeldürren Körpern saßen und in aller Gemütsruhe einhertrotteten. Der kleine Murks wäre vor Schreck fast von seinem Murksmobil gefallen.

„Tante Eulalia, Quatschkopp!", schrien die Mainzer außer sich. „Hennesche, Lisbetche, Knollenas!", und noch allerlei mehr kurioser Namen, die der Murks nicht verstand. Und bei jedem Namensruf reagierten die merkwürdigen Schwellköpp mit einem lauten „Helau". „Verrückt!", dachte der Murks und schüttelte fassungslos den Kopf über den kunterbunten Klamauk. „Was ist denn hier in Mainz bloß los?" Er verstand die Welt nicht mehr.

Da erst dämmerte dem kleinen Kobold, dass das Gejubel gar nicht ihm galt, sondern den vielen Wagen und Fußgruppen, die vor und hinter ihm gingen, und dass er anscheinend mitten in ein enorm lustiges Fest der Mainzmenschen hineingeraten war.

Murks, der kleine Waldkobold, konnte ja nicht ahnen, dass es ausgerechnet Rosenmontag war und er mitten im Mainzer Fastnachtszug gelandet war. „Wie wunderschön!", jubilierte er und schwenkte sein Fellmützchen. Bis zum Ende fuhr er auf seiner Trötenkarre in dem grandiosen Umzug mit und genoss das turbulente Treiben und Tamtam der Mainzer Fastnacht.

„Helau!", krächzte er überglücklich und beschloss, von nun an jedes Jahr an dieser einzigartigen Feier teilzunehmen.

Als der Fastnachtszug zu Ende war, verpuffte sich der Murks an den Stadtrand und zuckelte mit dem Murksmobil geradewegs in den Gaugraben hinein. Dort fand er unter einem großen Fliegenpilz ein neues Quartier und machte es sich mit ein paar rostigen Sprungfedern und alten Zahnrädern so richtig gemütlich. „Welch ein tolles neues Zuhause! Diese Stadt ist genau das Richtige für mich", freute er sich. „Und im nächsten Jahr fahre ich wieder im Rosenmontagszug mit. Das ist ja wohl klar!" Er gähnte laut, kuschelte sich zwischen sein Gerümpel und schlief selig ein. Und er träumte von der Meenzer Fassenacht, denn etwas Schöneres hatte der kleine Murks in seinem ganzen Koboldleben noch nicht erlebt. Meenz Helau!

So wie dem kleinen Murks geht es alljährlich Tausenden von Menschen, die als Besucher zum Rosenmontagszug nach Mainz strömen oder ihn im Fernsehen sehen.

Den Mainzer Rosenmontagszug gibt es seit fast 200 Jahren. Mit seinen bunten Wagen, den vielen Musik- und Tanzgruppen und tollen Verkleidungen gehört er zu den berühmtesten Karnevalszügen in Deutschland.

Ganzjährig verewigt findet ihr die Fastnacht am Fastnachtsbrunnen am Schillerplatz mit seinen zahlreichen Karnevalsfiguren und närrischen Motiven. Und wer weiß? Vielleicht läuft euch der kleine Murks in der Fastnacht sogar irgendwann einmal über den Weg.

Die goldenen Pantoffeln

Es war einmal vor langer, langer Zeit, da lebte in Mainz ein armer Spielmann. Sigismund war sein Name, und er spielte auf seiner Fiedel, dass es eine wahre Freude war. Der fröhliche Musikus erfreute die Mainzer auf den Märkten und in den Wirtshäusern, bei Stadtfesten und auf Hochzeiten. Wenn sie seiner Geige lauschten, ging den Menschen das Herz auf. Sie wiegten sich im Takt seiner Melodien, bis ihre Füße nicht mehr stillstehen konnten. Dann tanzten sie, bis ihnen die Puste ausging. Überall wo Sigismund seine Geige erklingen ließ, waren die Menschen froh und glücklich und warfen klimpernde Münzen in seinen Hut. So hatte unser Spielmann ein recht gutes Auskommen. Er war zwar kein reicher, aber doch ein sehr beliebter Mainzer Bürger.

Jahr um Jahr ging ins Land, und irgendwann war Sigismund ein alter und kranker Mann geworden. Vom vielen Geige spielen waren seine Finger steif geworden, seine Knie

schmerzten vom langen Stehen, und das Musizieren auf den Märkten bei Wind und Wetter hatte ihm einen Dauerhusten beschert. Außerdem war er vergesslich geworden, konnte sich an viele seiner schönen Melodien nicht mehr erinnern und spielte nun immer wieder die gleichen Lieder. Der sonst so fidele Spielmann war nur noch ein Schatten seiner selbst.

„Oh je, schwere Zeiten sind das", seufzte er auf dem Weg zum Marktplatz. „Wenn ich mich doch nur zur Ruhe setzen könnte! Aber es hilft nichts. Ich muss weiterspielen, sonst verdiene ich kein Geld und kann nichts zu essen kaufen." Fröstelnd zog er seinen fadenscheinigen Schal fester um den Hals und schlurfte zu seinem Stammplatz auf dem Markt. Doch weil Sigismund nicht fröhlich war, war es seine Musik auch nicht. Seine Fiedel brachte nur noch jammernde Klagelieder zustande, die die Leute traurig stimmten. Wenn sie an ihm vorübergingen, hielten sie sich die Ohren zu, und die klimpernden Münzen in seinem Hut blieben schon seit langem aus.

An einem klirrend kalten Dezemberabend, als weiße Schneeflocken vom Himmel hinunterrieselten und die Mainzer sich schon auf Weihnachten freuten, war Sigismund im Dunkeln auf dem Weg zu seiner bescheidenen Hütte. Wieder hatte er nur einige klägliche Münzen verdient, weil die Leute in der Weihnachtszeit Mitleid mit dem armen, alten Tropf hatten. Sein Magen knurrte gar fürchterlich. Den ganzen Tag hatte er noch nichts gegessen. Zu Hause gab es nichts, und außerdem war es in seiner Hütte so bitterkalt wie draußen auf der Straße, da er nicht genug Geld für Feuerholz hatte.

Als er am Mainzer Dom vorbeiging, hielt er inne. „Was soll ich allein in meiner kalten und trostlosen Hütte?", sprach er zu sich. „Da gehe ich doch lieber in die warme Kirche und statte der Goldmadonna einen Besuch ab."

Kurzentschlossen betrat er das Gotteshaus und ging zum Marienaltar, wo die schöne goldene Statue der Madonna stand, setzte sich in die erste Bank und betete. In der Kirche war es warm, und es roch nach Weihrauch. Hunderte von Kerzen flackerten und verbreiteten ein heimeliges Licht. Da

wurde es unserem Spielmann ganz warm ums Herz und er beschloss, der Madonna auf seiner Geige vorzuspielen. „Wenn schon kein Mainzer mehr meinem Spiel lauschen will, so wird es die Heilige Maria ganz bestimmt tun", dachte er, klemmte seine Fiedel fest unter sein Kinn, griff nach dem Bogen und begann, der Madonna ein wunderschönes Weihnachtslied zu spielen. Ganz für sie allein.

Bezaubernde Töne klangen durch die Kirche, als er den Bogen über die Saiten führte. Seine Finger fühlten sich gar nicht mehr steif an, sondern flink und beweglich. Und so spielte Sigismund das schönste Lied, das er seit langem gespielt hatte.

Als er sein Spiel beendet hatte, sah er zur Madonna hinauf. Auf einmal war ihm, als würde die goldene Maria ihn anlächeln. Ungläubig rieb er sich die Augen und schaute noch einmal hin. Doch, sie lächelte tatsächlich. Da plötzlich hörte er ein zartes Stimmchen flüstern: „Hab Dank, Spielmann, das war wunderschön." Und mit einem Mal streckte die Madonna unter ihrem langen goldenen

Gewand ihren rechten Fuß nach vorne und schleuderte mit einem festen Schwung ihren kleinen, goldenen Pantoffel direkt auf Sigismunds Schoß.

Der Spielmann erstarrte vor Schreck, nahm vorsichtig den feinen goldenen Schuh in seine Hand und betrachtete ihn staunend. Er konnte es kaum glauben. Ein Geschenk der Madonna. Wunderschön und aus purem Gold noch dazu. Würde er das wertvolle Schühchen verkaufen, wären alle seine Sorgen im Nu vorbei. Endlich hätte er genug zu essen und Geld für Feuerholz. Nie mehr würde er auf dem kalten Marktplatz stehen müssen.

Freudig sprang er auf, nahm seine Fiedel, verbeugte sich zum Dank vor der Madonna und eilte aus der Kirche direkt in ein Wirtshaus. Dort bestellte er sich einen leckeren Spundekäs und eine ordentliche Portion Mainzer Rippchen mit Sauerkraut und schmauste wie ein König. Welch ein Glück! Sein Leben hatte sich endlich zum Guten gewendet.

Als der Wirt zum Kassieren an seinen Tisch kam, hielt Sigismund ihm das goldene Schühchen hin. Der Wirt betrachtete es entzückt, wog es in seiner Hand und nickte zufrieden. Und er gab dem Musikus sogar noch eine ganze Handvoll Silbertaler zurück.

Just in diesem Moment meldete sich ein Mainzer Bürger vom Nebentisch, der den Handel beobachtet hatte und den Schuh der Madonna aus dem Mainzer Dom wiedererkannt hatte. „Halt!", rief er entrüstet. „Der Schuh ist Kirchenbesitz aus dem Dom. Der Lump hat die Kirche bestohlen und will nun sein Essen mit Diebesgut bezahlen, der gemeine Betrüger!"

Wütend sprang der Mann auf, rannte auf die Straße und rief die Wachen, die mit ihren lauten Stiefeln in die Wirtsstube polterten, dem armen Spielmann die Hände auf dem Rücken fesselten und ihn zum Richter schleppten.

„Die Madonna hat mir ihren Schuh geschenkt!", beteuerte Sigismund immer und immer wieder, doch weder die Wachen noch der Richter glaubten ihm die abenteuerliche Geschichte von der lebendig gewordenen Statue.

Er wurde ins Gefängnis geworfen, bis ihm der Prozess gemacht war. Und weil in jenen Zeiten Raub noch mit der Todesstrafe geahndet wurde, verurteilte der Richter den unschuldigen Sigismund zum Tode. Noch vor Weihnachten sollte er hingerichtet werden.

Als er seinen Urteilsspruch hörte, den der Richter mit drei Hammerschlägen bekräftigte, fiel der Musikus verzweifelt vor der Kanzel auf die Knie, weinte und flehte um Gnade. Doch der Richter schüttelte unnachgiebig den Kopf und fragte ihn stattdessen: „Was ist dein letzter Wunsch, Spielmann?" Sigismund sah schließlich ein, dass es aussichtslos war, stand auf und antwortete dem Richter: „Herr Richter, die Madonna aus dem Mainzer Dom war unendlich großzügig zu mir. Zum Dank dafür soll mein letzter Wunsch auf Erden sein, ihr noch einmal ein allerletztes Lied zu spielen."

Am nächsten Morgen begleiteten die Wachen Sigismund in aller Herrgottsfrühe in den Dom. Gemeinsam setzten sie sich vor dem Marienaltar in die erste Bank. Der Musikus saß in der Mitte, die beiden Wachen links und rechts von ihm. Sie lösten seine Fesseln, und er begann sein Spiel.

Sein Lied für die Madonna erfüllte den Kirchenraum. Süßer als je zuvor spielte Sigismund auf seiner Geige, und sein Lied entlockte der Maria abermals ein seliges Lächeln. Überrascht starrten die beiden Wachmänner auf das Gesicht der Statue. Da bewegte sich unvermittelt ihr Gewand. Man konnte es sogar rascheln hören. Und die Madonna streckte ihren linken Fuß nach vorne.

„Ach, du heiliger Strohsack!", entfuhr es einem der Wachmänner, als die Madonna sich nach vorn beugte, ihren linken Pantoffel auszog und ihn Sigismund entgegenhielt. Wie verzaubert nahm der Geiger ihr den glänzenden Pantoffel aus der Hand. Verschreckt sprangen die Männer auf, griffen nach dem Schühchen, packten den Spielmann in ihrer Mitte und zerrten ihn aus der Bank. Doch noch bevor die drei aus der Kirche stürmten, erklang hinter ihnen deutlich hörbar das zarte Stimmchen der Madonna: „Hab Dank, Spielmann, das war wieder wunderschön."

ADALBERT III
VON SACHSEN

BERTHOLD VON
HENNEBERG

JAKOB VON
LIEBENSTEIN

URIEL VON
GEMMINGEN

1482-1484

1484-1504

1504-1508

1508-151

Schnell wie der Winterwind eilten die Wachen mit dem Spielmann zum Haus des Richters zurück, zeigten ihm den zweiten goldenen Schuh und berichteten von dem Wunder, dessen Zeugen sie soeben geworden waren. „Herr Richter, der Musikant hat die Wahrheit gesagt. Wir haben das Wunder mit eigenen Augen gesehen. Die goldenen Schuhe sind wirklich ein Geschenk der Madonna." Nun endlich war der Richter von Sigismunds Unschuld überzeugt. Er sprach ihn auf der Stelle frei und schenkte ihm das Leben.

Sigismund war überglücklich. Ein schöneres Weihnachtsgeschenk hätte er sich nicht wünschen können. Nun war er ein freier und ein reicher Mann. Der Verkauf der Schuhe brachte ihm viele Silbertaler ein, und er feierte das schönste Weihnachtsfest seines Lebens. Von diesem Tage an lebte er glücklich und zufrieden. Und er ging jeden Tag in den Dom und spielte für seine Madonna ein Lied auf seiner Geige.

Ganz für sie allein.

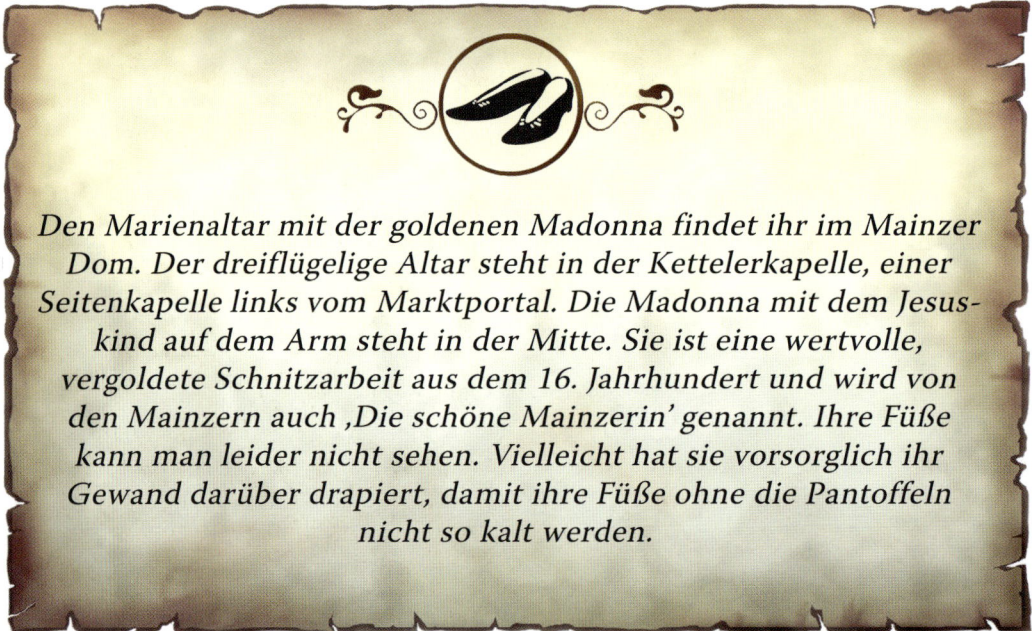

Den Marienaltar mit der goldenen Madonna findet ihr im Mainzer Dom. Der dreiflügelige Altar steht in der Kettelerkapelle, einer Seitenkapelle links vom Marktportal. Die Madonna mit dem Jesuskind auf dem Arm steht in der Mitte. Sie ist eine wertvolle, vergoldete Schnitzarbeit aus dem 16. Jahrhundert und wird von den Mainzern auch ‚Die schöne Mainzerin' genannt. Ihre Füße kann man leider nicht sehen. Vielleicht hat sie vorsorglich ihr Gewand darüber drapiert, damit ihre Füße ohne die Pantoffeln nicht so kalt werden.